Beginner Hangul Writing Practice Workbook

Learn To Read The Korean Alphabet and Practice Your Penmanship In This Notebook

Sean Lee

greenthumbpublishing@gmail.com

How To Use This Book

This book has been deisgned with both beginners and intermediate Korean learners in mind. It is for this reason that this book starts by introducing each vowel along with its correct stroke order and pronounciation. The following page contains the same details about the Consonants in the Korean alphabet along with the name of each letter. These are to be memorized and referred to whenever you find yourself stuck.

After these pages you will find a challenge worksheets where you will be tested on the pronounciation (and name for consonants) of each letter. I have included four copies of these worksheets. If you require more than this you can practice on the blank practice pages towards the back of the book or save a blank one and make some photocopies!

Next I have included a set of four pages giving you space to learn each letter with the correct stroke order. I have included four sets of these pages. If you require more than this you can practice on the blank practice pages towards the back of the book or save a blank one and make some photocopies!

After this I have included 260 words of beginner Korean vocabulary split into 26 seperate 10 word lists. This has been chosen to help you increase your vocabulary while also practice writing words and syllables after perfecting the penmanship of each letter.

Finally at the rear of the book I have included the Notebook portion of the book which contains one hundred pages of blank squared paper for you to use to practice whatever you may choose too.

I hope you enjoy!

Vowels Table

Hangul & Stroke Order

Pronounciation

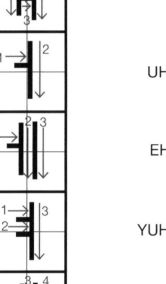

AH as in rAH

AE as in At

YAH as in YAwn

YAE as in YAk

UH as in rUn

EH as in mEt

YUH as in YUm

YEH as in YEs

OH as in dOUGH

WAH as in WAnd

WAE as in WAx

Hangul & Stroke Order

Pronounciation

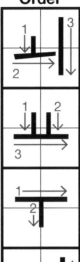
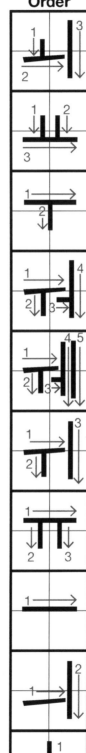

WEH as in WAIt

YOH as in YOdel

OO as in mOOn

WUH as in WOnder

WEH as in WEb

WEE as in WEEk

YOO as in vIEW

UH as in brOOk

UEY as in mUEY

EE as in mEEk

Consonants Table

Hangul & Stroke Order	Name	Pronounciation when...		
		Starting a word	Starting a syllable	Ending a word
ㄱ	기역 / giyok	K as in Kite	G as in Ghost	K as in walK
ㄲ	쌍기역 / ssang giyok	G as in Gone	G as in Gone	G as in Gone
ㄴ	니은 / nieun	N as in Now	N as in Now	N as in Now
ㄷ	디귿 / digeut	T as in Talk	D as in minD	T as in hoT
ㄸ	쌍디귿 / ssang digeut	D as in Dog	D as in Dog	D as in Dog
ㄹ	리을 / rieul	R as in Run	R as in Run	L as in reaL
ㅁ	미음 / mieum	M as in Mop	M as in Mop	M as in huM
ㅂ	비읍 / bieup	P as in Pool	B as in Bay	P as laP
ㅃ	쌍비읍 / ssang bieup	B as in Bird	B as in Bird	B as in Bird
ㅅ	시옷 / siot	S as in Show	S as in Show	T as in hoT

Consonants Table

Hangul & Stroke Order	Name	Pronounciation when...		
		Starting a word	Starting a syllable	Ending a word
从	쌍시옷 / ssang siot	S as in Sun	S as in Sun	T as in hoT
ㅇ	이응 / ieung	Silent	Silent	NG as in riNG
ㅈ	지읒 / jieut	CH as in CHop	J as in Jar	T as in hoT
ㅉ	쌍지읒 / ssang jieut	J as in Jim	J as in Jim	T as in hoT
ㅊ	치읓 / chieut	CH as in itCH	CH as in itCH	T as in hoT
ㅋ	키읔 / kieuk	KH as in KHaki	KH as in KHaki	KH as in KHaki
ㅌ	티읕 / tieut	T as in Tip	T as in Tip	T as in hoT
ㅍ	피읖 / pieup	P as in Pit	P as in Pit	P as in laP
ㅎ	히읗 / hieut	H as in Hot	H as in Hot	silent

Vowel Challenge

Pronounciation

Pronounciation

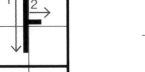

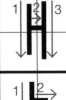

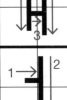

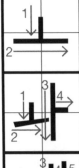

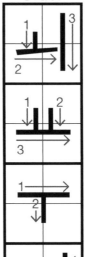

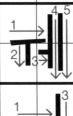

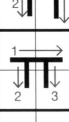

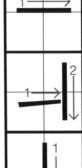

____ as in ____

____ as in ____

____ as in ____

____ as in ____

____ as in ____

____ as in ____

____ as in ____

____ as in ____

____ as in ____

____ as in ____

____ as in ____

Consonant Challenge

Hangul & Stroke Order	Name	Pronounciation when...		
		Starting a word	Starting a syllable	Ending a word
ㄱ	_____ / _____	____ as in ____	____ as in ____	____ as in ____
ㄲ	_____ / _____	____ as in ____	____ as in ____	____ as in ____
ㄴ	_____ / _____	____ as in ____	____ as in ____	____ as in ____
ㄷ	_____ / _____	____ as in ____	____ as in ____	____ as in ____
ㄸ	_____ / _____	____ as in ____	____ as in ____	____ as in ____
ㄹ	_____ / _____	____ as in ____	____ as in ____	____ as in ____
ㅁ	_____ / _____	____ as in ____	____ as in ____	____ as in ____
ㅂ	_____ / _____	____ as in ____	____ as in ____	____ as in ____
ㅃ	_____ / _____	____ as in ____	____ as in ____	____ as in ____
ㅅ	_____ / _____	____ as in ____	____ as in ____	____ as in ____

Consonant Challenge

Hangul & Stroke Order	Name	Pronounciation when...		
		Starting a word	Starting a syllable	Ending a word
从	_____ / _____	____ as in ____	____ as in ____	____ as in ____
ㅇ	_____ / _____	____ as in ____	____ as in ____	____ as in ____
ㅈ	_____ / _____	____ as in ____	____ as in ____	____ as in ____
ㅉ	_____ / _____	____ as in ____	____ as in ____	____ as in ____
ㅊ	_____ / _____	____ as in ____	____ as in ____	____ as in ____
ㅋ	_____ / _____	____ as in ____	____ as in ____	____ as in ____
ㅌ	_____ / _____	____ as in ____	____ as in ____	____ as in ____
ㅍ	_____ / _____	____ as in ____	____ as in ____	____ as in ____
ㅎ	_____ / _____	____ as in ____	____ as in ____	____ as in ____

Vowel Challenge

Pronounciation

Hangul & Stroke Order

Pronounciation

____ as in ____

____ as in ____

____ as in ____

____ as in ____

____ as in ____

____ as in ____

____ as in ____

____ as in ____

____ as in ____

____ as in ____

____ as in ____

____ as in ____

____ as in ____

____ as in ____

____ as in ____

____ as in ____

____ as in ____

____ as in ____

____ as in ____

____ as in ____

____ as in ____

____ as in ____

Consonant Challenge

Hangul & Stroke Order	Name	Pronounciation when...		
		Starting a word	Starting a syllable	Ending a word
ㄱ	_____ / _____	____ as in ____	____ as in ____	____ as in ____
ㄲ	_____ / _____	____ as in ____	____ as in ____	____ as in ____
ㄴ	_____ / _____	____ as in ____	____ as in ____	____ as in ____
ㄷ	_____ / _____	____ as in ____	____ as in ____	____ as in ____
ㄸ	_____ / _____	____ as in ____	____ as in ____	____ as in ____
ㄹ	_____ / _____	____ as in ____	____ as in ____	____ as in ____
ㅁ	_____ / _____	____ as in ____	____ as in ____	____ as in ____
ㅂ	_____ / _____	____ as in ____	____ as in ____	____ as in ____
ㅃ	_____ / _____	____ as in ____	____ as in ____	____ as in ____
ㅅ	_____ / _____	____ as in ____	____ as in ____	____ as in ____

Consonant Challenge

Hangul & Stroke Order	Name	Pronounciation when...		
		Starting a word	**Starting a syllable**	**Ending a word**
ㅆ	_____ / _____	____ as in ____	____ as in ____	____ as in ____
ㅇ	_____ / _____	____ as in ____	____ as in ____	____ as in ____
ㅈ	_____ / _____	____ as in ____	____ as in ____	____ as in ____
ㅉ	_____ / _____	____ as in ____	____ as in ____	____ as in ____
ㅊ	_____ / _____	____ as in ____	____ as in ____	____ as in ____
ㅋ	_____ / _____	____ as in ____	____ as in ____	____ as in ____
ㅌ	_____ / _____	____ as in ____	____ as in ____	____ as in ____
ㅍ	_____ / _____	____ as in ____	____ as in ____	____ as in ____
ㅎ	_____ / _____	____ as in ____	____ as in ____	____ as in ____

Vowel Challenge

Hangul & Stroke Order	Pronounciation
	____ as in ____
	____ as in ____
	____ as in ____
	____ as in ____
	____ as in ____
	____ as in ____
	____ as in ____
	____ as in ____
	____ as in ____
	____ as in ____
	____ as in ____

Hangul & Stroke Order — Pronounciation

Hangul & Stroke Order	Pronounciation
	____ as in ____
	____ as in ____
	____ as in ____
	____ as in ____
	____ as in ____
	____ as in ____
	____ as in ____
	____ as in ____
	____ as in ____
	____ as in ____

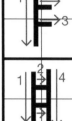

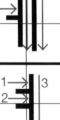
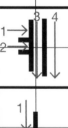
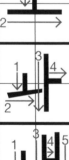
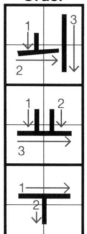
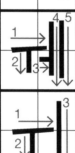
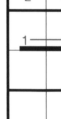

Consonant Challenge

Hangul & Stroke Order	Name	Pronounciation when...		
		Starting a word	Starting a syllable	Ending a word
ㄱ	_____ / _____	____ as in ____	____ as in ____	____ as in ____
ㄲ	_____ / _____	____ as in ____	____ as in ____	____ as in ____
ㄴ	_____ / _____	____ as in ____	____ as in ____	____ as in ____
ㄷ	_____ / _____	____ as in ____	____ as in ____	____ as in ____
ㄸ	_____ / _____	____ as in ____	____ as in ____	____ as in ____
ㄹ	_____ / _____	____ as in ____	____ as in ____	____ as in ____
ㅁ	_____ / _____	____ as in ____	____ as in ____	____ as in ____
ㅂ	_____ / _____	____ as in ____	____ as in ____	____ as in ____
ㅃ	_____ / _____	____ as in ____	____ as in ____	____ as in ____
ㅅ	_____ / _____	____ as in ____	____ as in ____	____ as in ____

Consonant Challenge

Hangul & Stroke Order	Name	Pronounciation when...		
		Starting a word	Starting a syllable	Ending a word
从	_____ / _____	____ as in ____	____ as in ____	____ as in ____
ㅇ	_____ / _____	____ as in ____	____ as in ____	____ as in ____
ㅈ	_____ / _____	____ as in ____	____ as in ____	____ as in ____
ㅉ	_____ / _____	____ as in ____	____ as in ____	____ as in ____
ㅊ	_____ / _____	____ as in ____	____ as in ____	____ as in ____
ㅋ	_____ / _____	____ as in ____	____ as in ____	____ as in ____
ㅌ	_____ / _____	____ as in ____	____ as in ____	____ as in ____
ㅍ	_____ / _____	____ as in ____	____ as in ____	____ as in ____
ㅎ	_____ / _____	____ as in ____	____ as in ____	____ as in ____

Vowel Challenge

Hangul & Stroke Order

Pronounciation

____ as in ____

____ as in ____

____ as in ____

____ as in ____

____ as in ____

____ as in ____

____ as in ____

____ as in ____

____ as in ____

____ as in ____

____ as in ____

Hangul & Stroke Order

Pronounciation

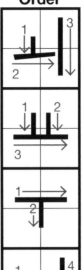

____ as in ____

____ as in ____

____ as in ____

____ as in ____

____ as in ____

____ as in ____

____ as in ____

____ as in ____

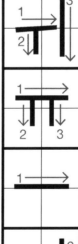

____ as in ____

____ as in ____

Consonant Challenge

Hangul & Stroke Order	Name	Pronounciation when...		
		Starting a word	Starting a syllable	Ending a word
ㄱ	_____ / _____	____ as in ____	____ as in ____	____ as in ____
ㄲ	_____ / _____	____ as in ____	____ as in ____	____ as in ____
ㄴ	_____ / _____	____ as in ____	____ as in ____	____ as in ____
ㄷ	_____ / _____	____ as in ____	____ as in ____	____ as in ____
ㄸ	_____ / _____	____ as in ____	____ as in ____	____ as in ____
ㄹ	_____ / _____	____ as in ____	____ as in ____	____ as in ____
ㅁ	_____ / _____	____ as in ____	____ as in ____	____ as in ____
ㅂ	_____ / _____	____ as in ____	____ as in ____	____ as in ____
ㅃ	_____ / _____	____ as in ____	____ as in ____	____ as in ____
ㅅ	_____ / _____	____ as in ____	____ as in ____	____ as in ____

Consonant Challenge

Hangul & Stroke Order	Name	Pronounciation when...		
		Starting a word	Starting a syllable	Ending a word
从	_____ / _____	____ as in ____	____ as in ____	____ as in ____
ㅇ	_____ / _____	____ as in ____	____ as in ____	____ as in ____
ㅈ	_____ / _____	____ as in ____	____ as in ____	____ as in ____
ㅉ	_____ / _____	____ as in ____	____ as in ____	____ as in ____
ㅊ	_____ / _____	____ as in ____	____ as in ____	____ as in ____
ㅋ	_____ / _____	____ as in ____	____ as in ____	____ as in ____
ㅌ	_____ / _____	____ as in ____	____ as in ____	____ as in ____
ㅍ	_____ / _____	____ as in ____	____ as in ____	____ as in ____
ㅎ	_____ / _____	____ as in ____	____ as in ____	____ as in ____

Consonants

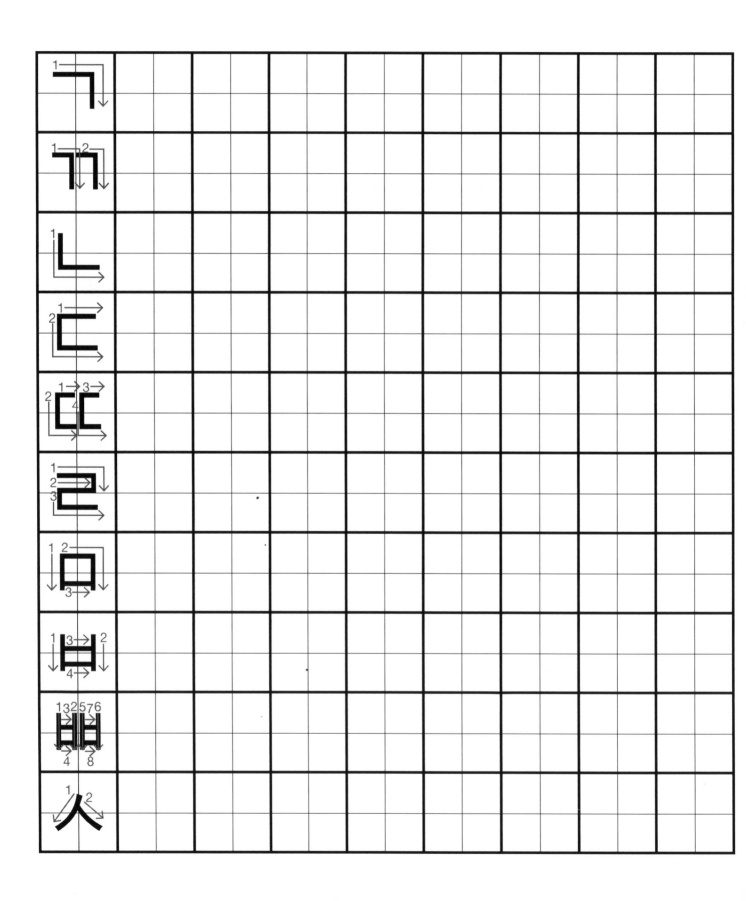

Consonants

ㅆ								
ㅇ								
ㅈ								
ㅉ								
ㅊ								
ㅋ								
ㅌ								
ㅍ								
ㅎ								

Vowels

Vowels

Consonants

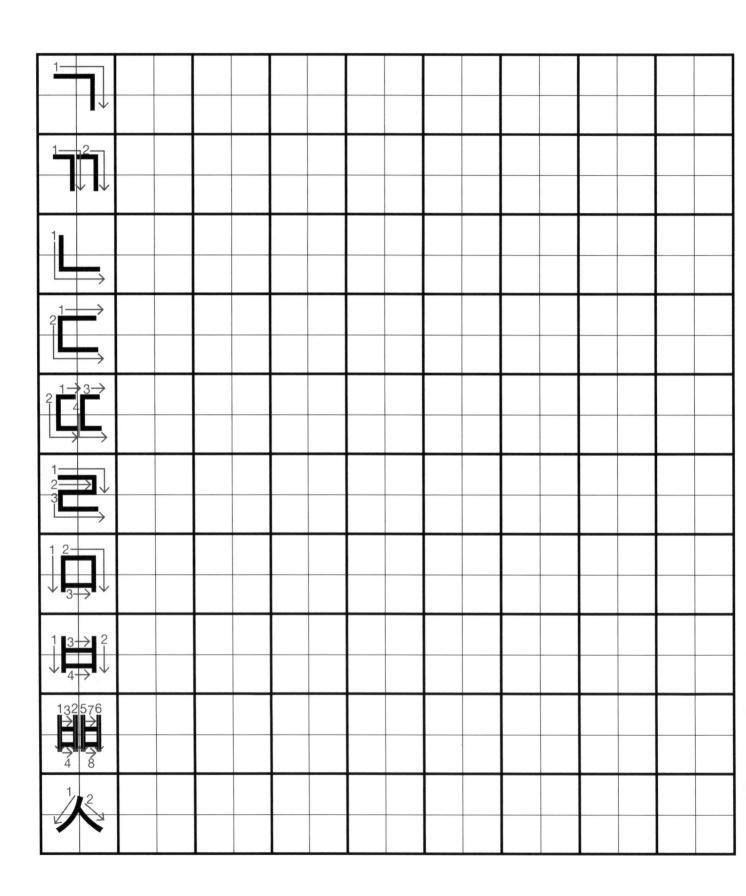

Consonants

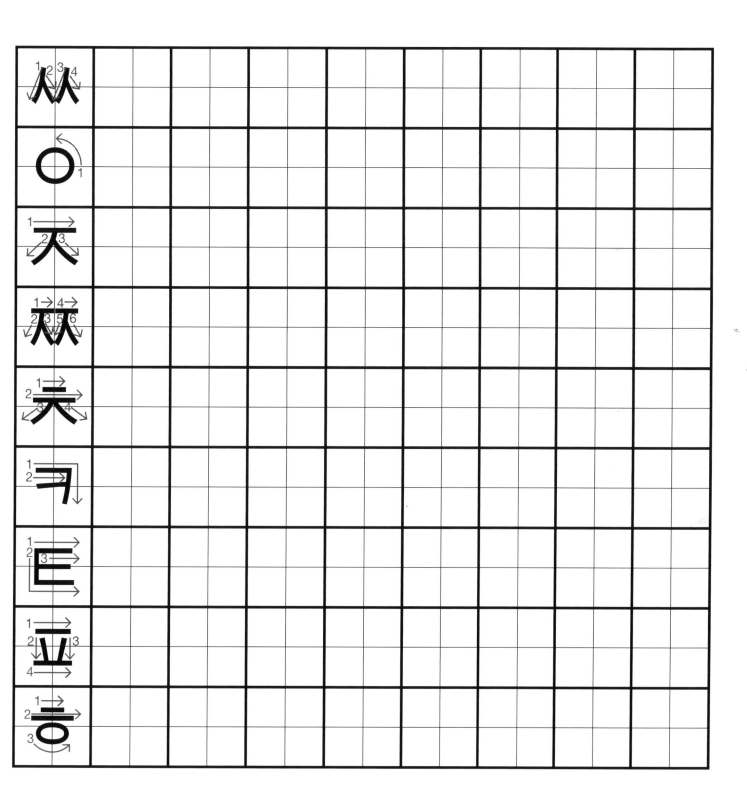

Vowels

Vowels

Consonants

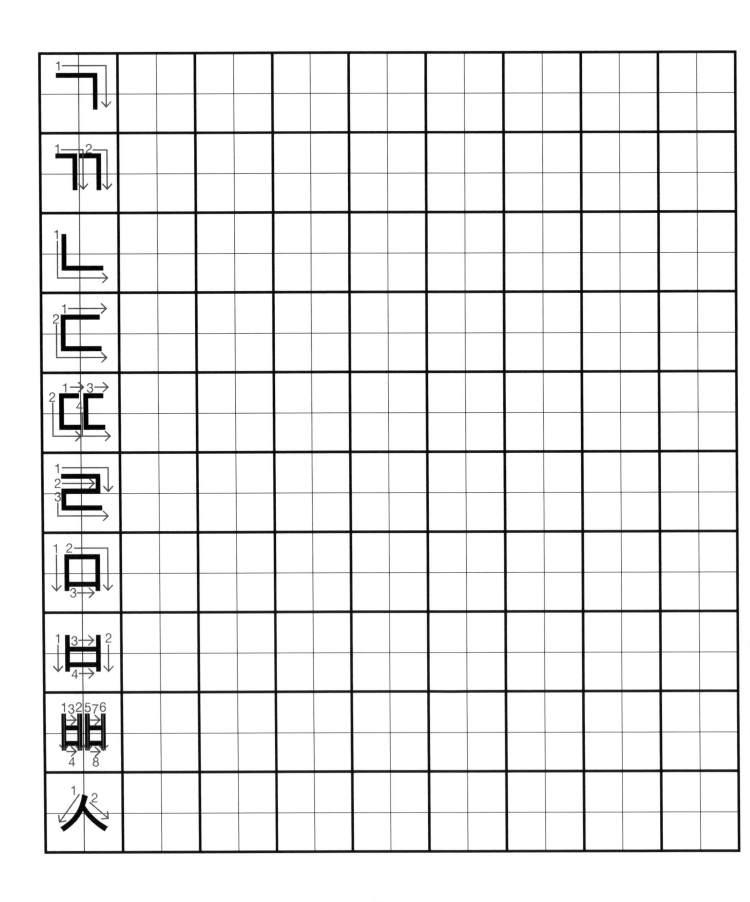

Consonants

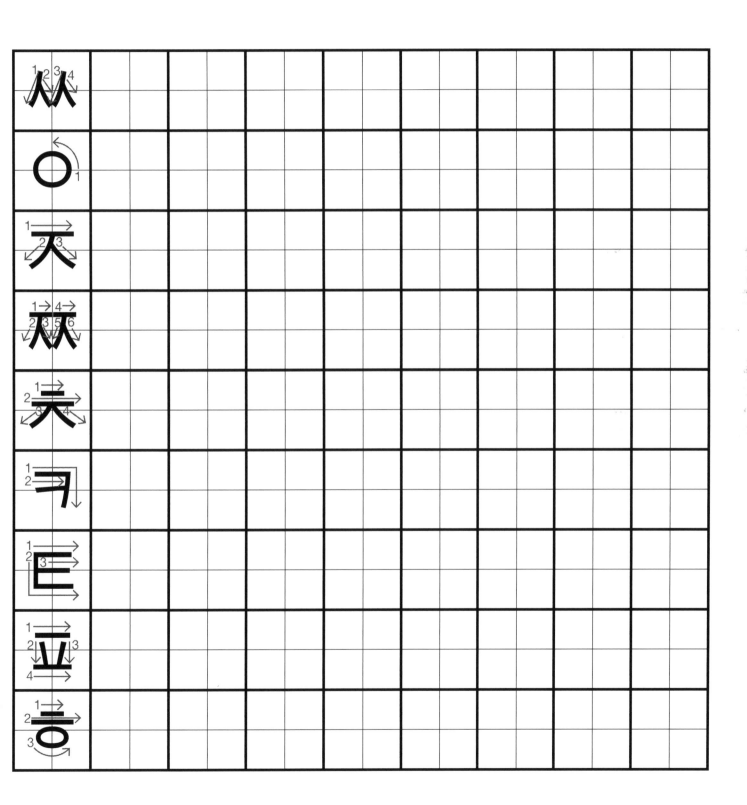

Vowels

Vowels

Consonants

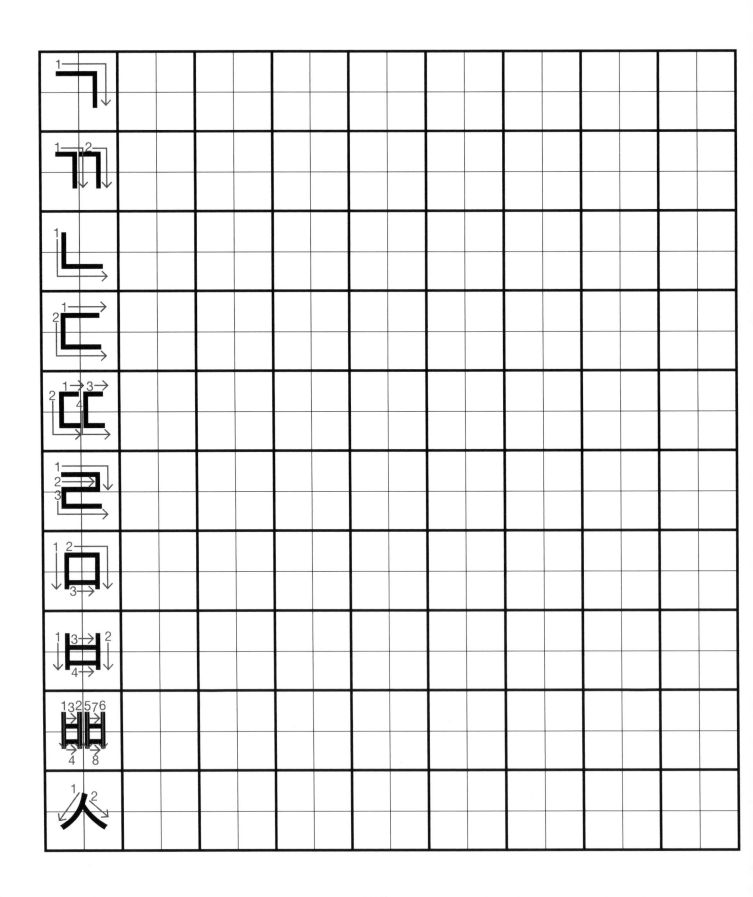

Consonants

从										
ㅇ										
ㅈ										
ㅉ										
ㅊ										
ㅋ										
ㅌ										
ㅍ										
ㅎ										

Vowels

Vowels

Vocabulary List 1

가	격					price
가	구					furniture
가	방					bag
가	을					fall, autumn
가	족					family
값						price
강						river
거	리					distance
걱	정					anxiety; worry
결	혼	식				wedding

Vocabulary List 2

경	주						race
경	험						experience
계	절						season
계	획						plan
고	민						worry; agony
고	양	이					cat
고	향						hometown
곳							place
공	연						performance
공	원						park

Vocabulary List 3

공	책						note book
공	항						airport
과	일						fruit
과	자						snack
관	심						interest
구	두						dress shoe
구	입						purchase
그	림						drawing, painting
극	장						theater
근	처						near

Vocabulary List 4

글	자							letter
금	년							this year
기	간							period
기	분							Feeling, Mood
김	치							Kimchi
까	만	색						black
꽃								flower
꽃	집							flower shop
나	라							country
나	무							tree

Vocabulary List 5

날							day
날	씨						weather
남	산						Namsan Mountain
내	년						next year
내	용						content
내	일						tomorrow
냉	면						cold noodles
냉	장	고					refrigerator
년							year
노	래						song

Vocabulary List 6

누	나							older sister (for male)
눈	물							tears
느	낌							feeling
다	음							next
다	음	달						next month
단	어							word
달								month
댁								home (honorific form of 집)
도	서	관						library
돈								money

Vocabulary List 7

동	대	문					Dongdaemun
동	생						younger sibling
뒤							back
드	라	마					drama
등	산						hike
등	산	화					hiking shoes
라	디	오					radio
러	시	아					Russia
맞	은	편					across from
머	리						head

Vocabulary List 8

모	습						appearance
모	자						hat, cap
무	게						weight
문							door
문	구	점					stationary store
문	제						problem; question; issue
문	화						culture
문	건						thing
물	건						thing
미	국						USA
밑							under

Vocabulary List 9

바	지						pants
박	물	관					museum
밖							outside
반							class
방							room
방	법						method
방	송	국					broadcasting station
배							ship
배							pear
배	우						actor

Vocabulary List 10

백	화	점						department store
버	스							bus
번	호							number
병	원							hospital
볼	펜							ball point pen
봄								spring
부	모							parent
부	모	님						parents
부	분							part
부	탁							request

Vocabulary List 11

분	위	기					atmosphere
불	고	기					Bulgogi
비							rain
비	행	기					airplane
빵							bread
사	과						apple
사	람						person
사	무	실					office
사	온	품					freebie; bonus gift
사	전						dictionary

Vocabulary List 12

사	진							photo
산								mountain
색								color
색	깔							colors
생	각							thinking, thought
생	일							birthday
생	활							life
서	울							Seoul
서	울	역						Seoul Station
서	점							Bookstore

Vocabulary List 13

선	물						present, gift
선	생	님					teacher
설	명						explanation
설	악	산					Seoraksan
성	격						character
소	개						introduction
소	식						news
손							hand
손	님						customer
수	업						class

Vocabulary List 14

수	첩						pocket book
시	간						time
시	계						watch
시	장						market
시	청						city hall
시	험						test
식	당						resturant
식	사						meal
신	문						newspaper
신	발						shoe

Vocabulary List 15

아	기						baby
아	래						below
아	버	지					father
아	저	씨					sir, uncle
아	침						morning
아	침						breakfast
아	파	트					apartment
안							in
안	경						eye glasses, specs
안	내						information

Vocabulary List 16

앞								in front of
야	구							baseball
약								medicine
약	국							pharmacy
약	속							appointment
어	머	니						mother
어	제							yesterday
얼	굴							face
옛	날							old
여	자							girl

Vocabulary List 17

여	행					trip
역	사					history
연	락					contact
연	필					pencil
영	수	증				receipt
영	어					English
영	화					movie
옆						beside
오	른	쪽				right (direction)
오	후					afternoon

Vocabulary List 18

올	해						this year
옷							clothes
외	국	인					foreigner
요	리	사					chef
요	즘						these days
우	산						umbrella
우	유						milk
운	동						exersise
웬	일						what matter
위							upper part

Vocabulary List 19

유	학						study abroad
은	행						bank
음	료	수					drink
음	식						food
음	악	회					concert
의	미						meaning
의	자						chair
이	름						name
이	번						this (ex. this year)
이	상						strange

Vocabulary List 20

인	터	넷					internet
일							work
일	본						Japan
일	본	어					Japanese
일	요	일					Sunday
자	동	차					car
자	리						seat
자	전	거					bicycle
작	년						last year
잡	지						magazine

Vocabulary List 21

장	소							place
저	녁							evening
점	심							lunch
정	리							arrangement
제	주	도						Jeju Island
졸	업							graduate
주								week
주	말							weekend
주	소							address
주	인							owner

Vocabulary List 22

준	비						prepare
중	국						china
지	갑						wallet
지	난	주					last week
지	난	해					last year
지	하	철					subway
집							house
찻	값						a tea charge
창	문						Window
책							book

Vocabulary List 23

책	상						desk
청	소						clean
축	구						football (soccer)
취	미						hobby
취	직						getting a job
치	마						skirt
친	구						friend
침	대						bed
카	메	라					camera
캐	나	다					Canada

Vocabulary List 24

커	피						coffee
컴	퓨	터					computer
큰	형						male's oldest brother
토	요	일					saturday
통	장						bankbook
파	티						party
편	지						letter
평	일						weekday
포	도						grape
표							ticket

Vocabulary List 25

							goods, items
품	목						goods, items
피	아	노					piano
필	요						need
하	숙	집					boarding house
학	원						academy, coaching center
한	국						Korea
한	국	말					Korean language
한	복						Hanbok (traditional Korean Cloth)
한	식	집					Korean restaurant
할	머	니					grandmother

Vocabulary List 26

할	인							discount
행	사							event
형								male's older brother
호								room number
호	선							subway line
회	사							company
회	사	원						a company employee
회	의							meeting
후								after
휴	일							holiday

Practice Pages

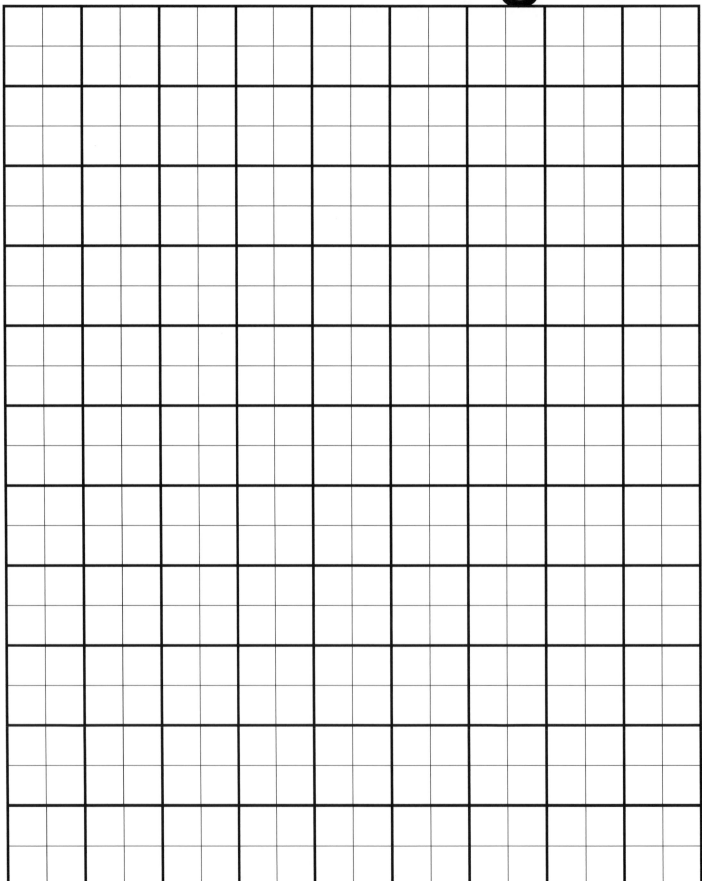

Practice Pages

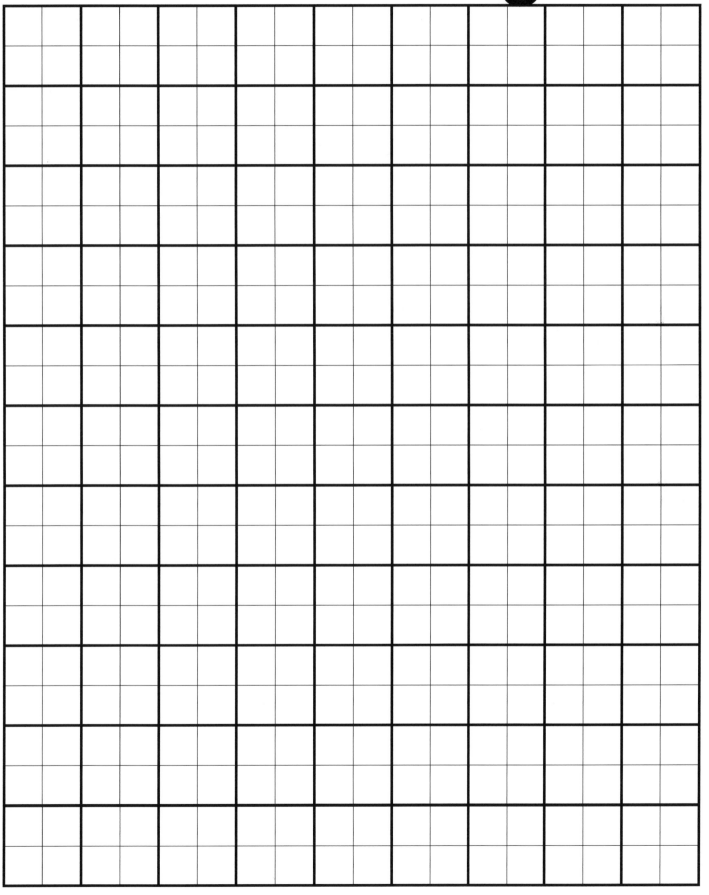

Practice Pages

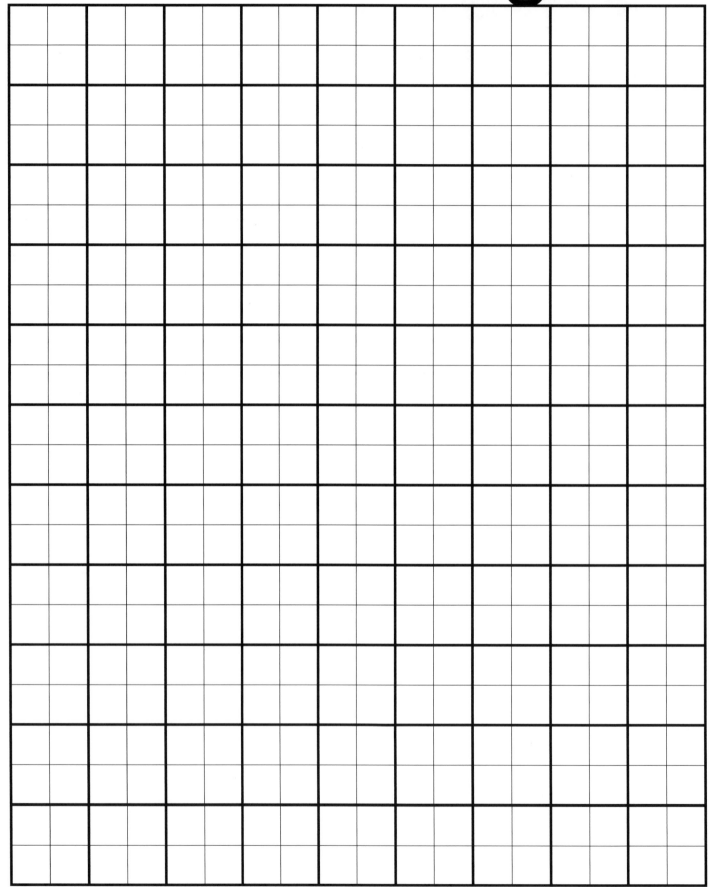

Practice Pages

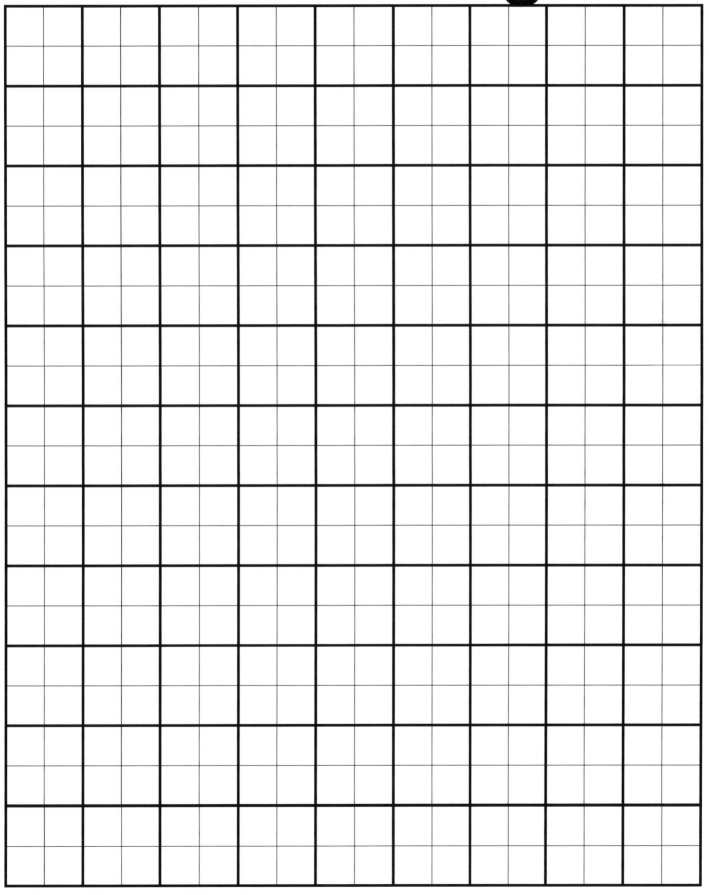

Practice Pages

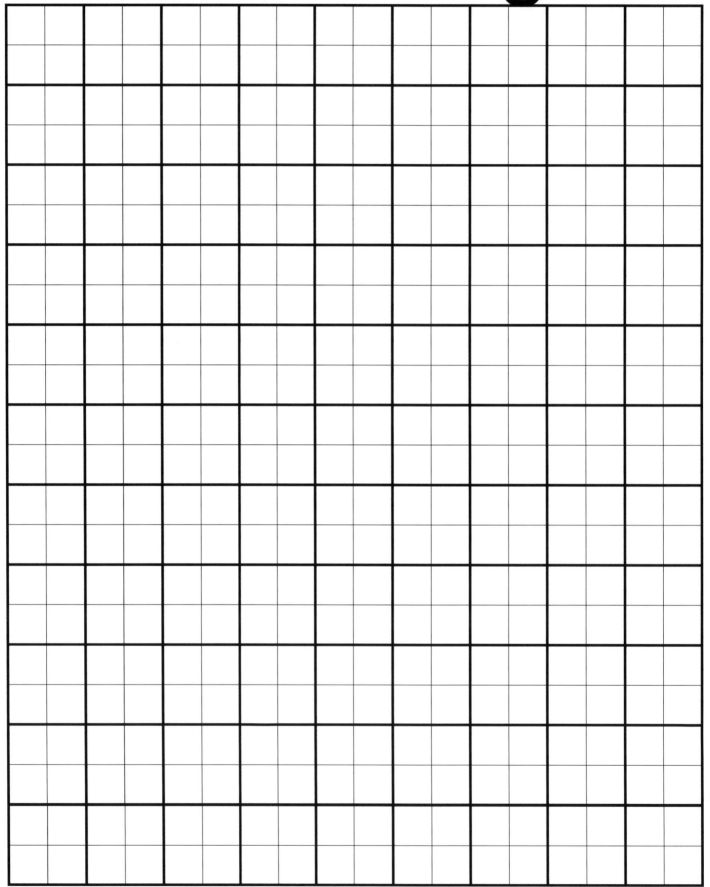

Practice Pages

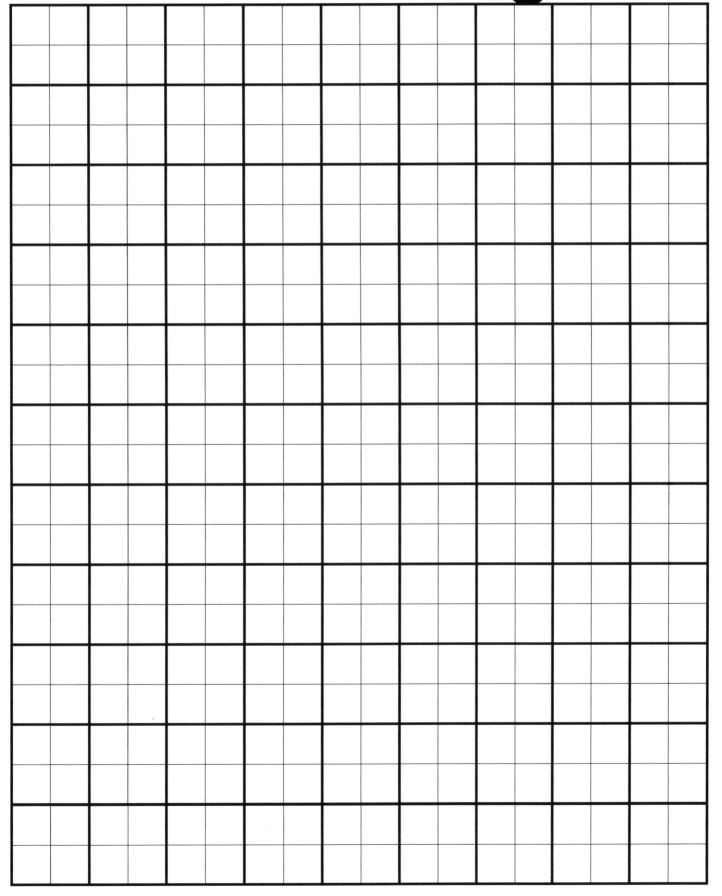

Practice Pages

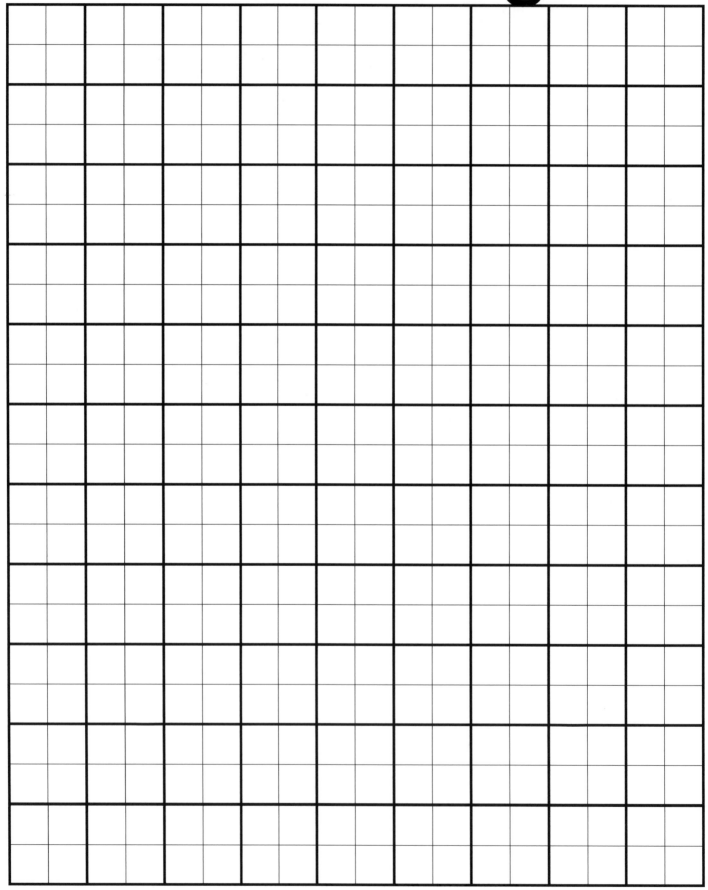

Practice Pages

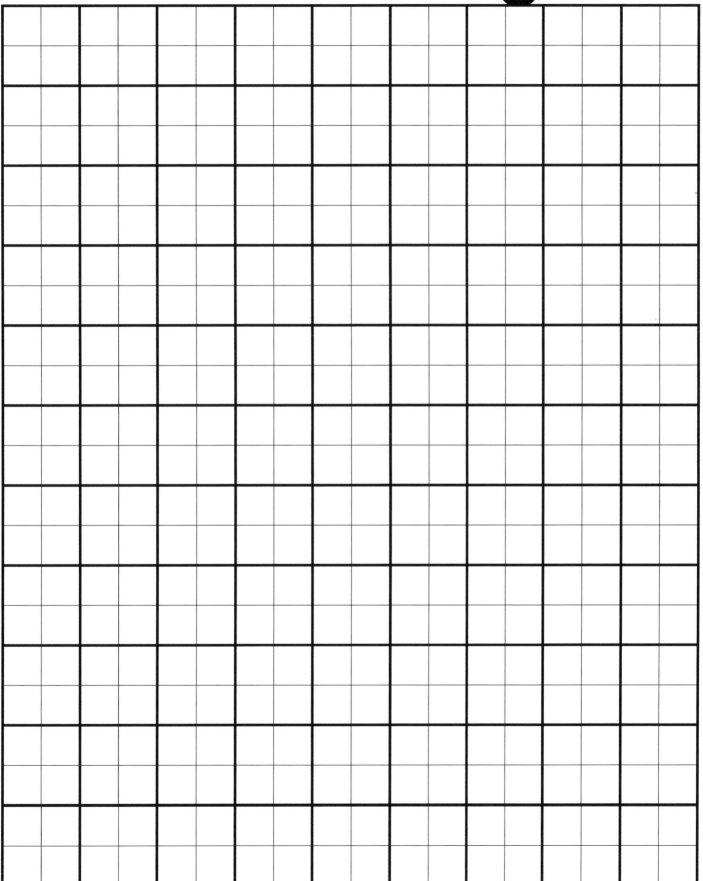

Practice Pages

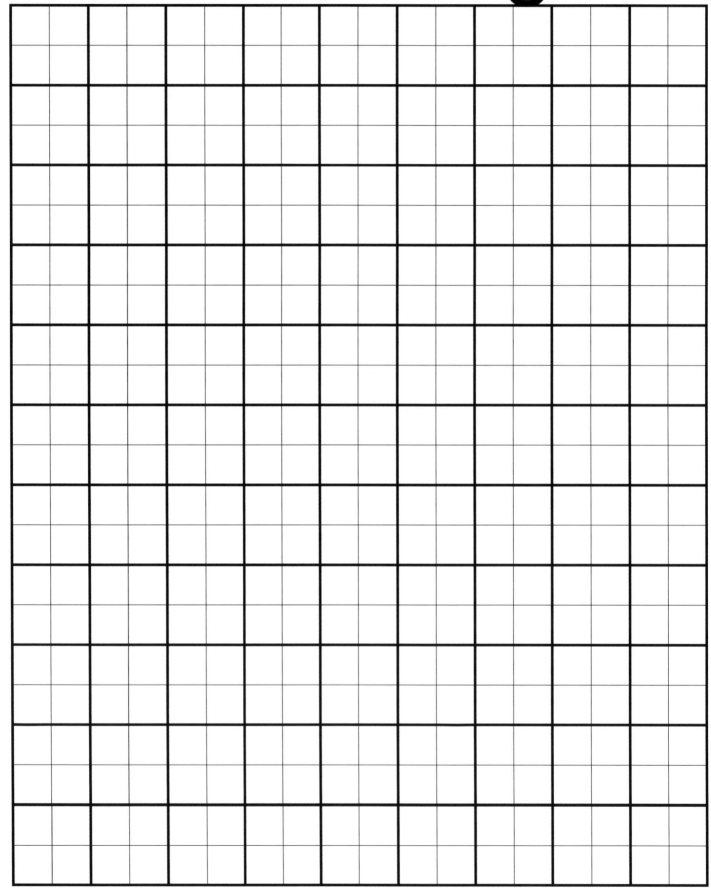

Practice Pages

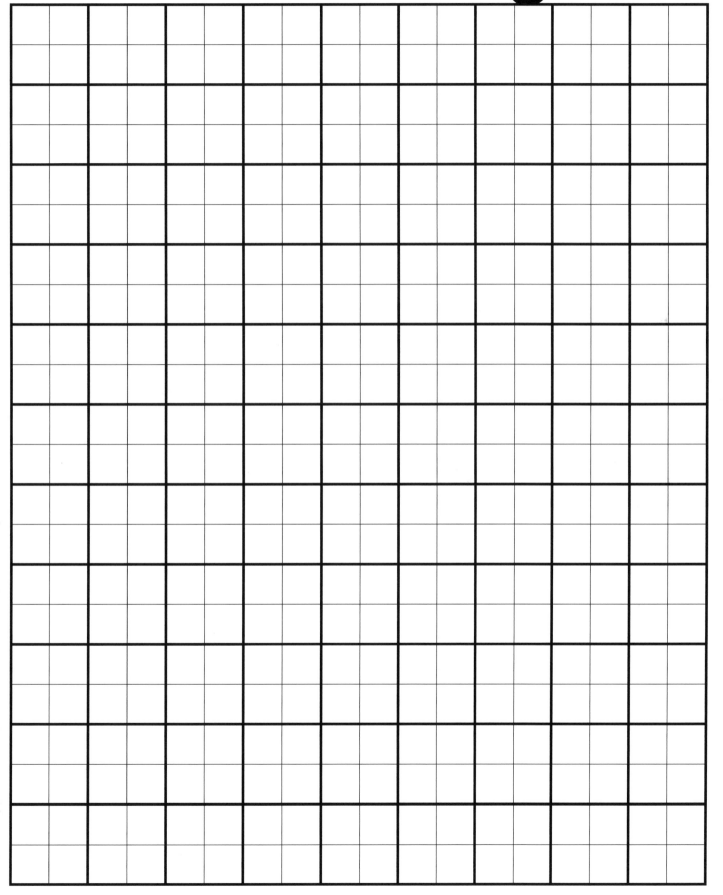

Practice Pages

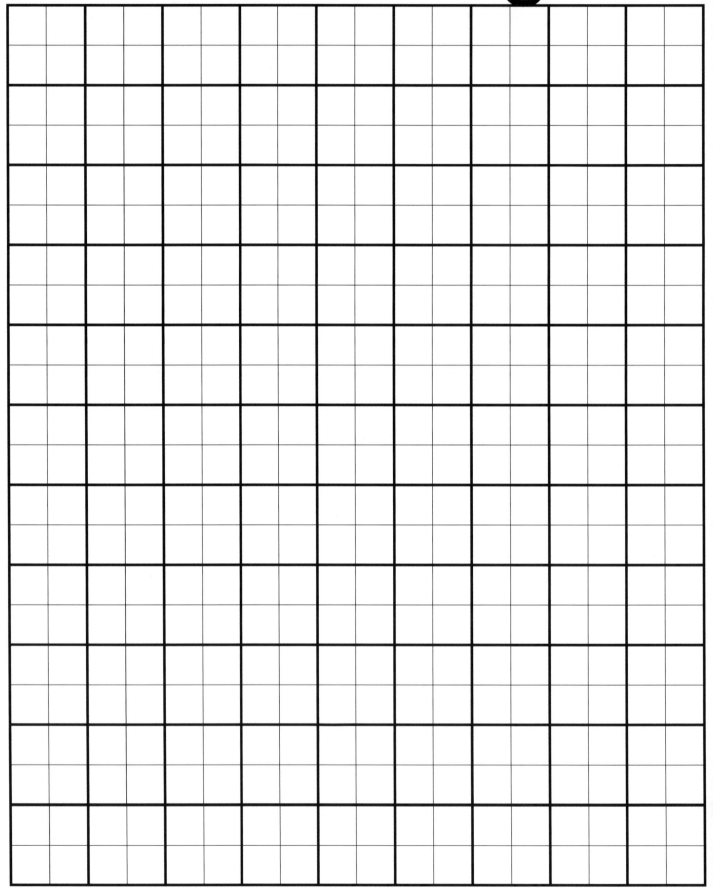

Practice Pages

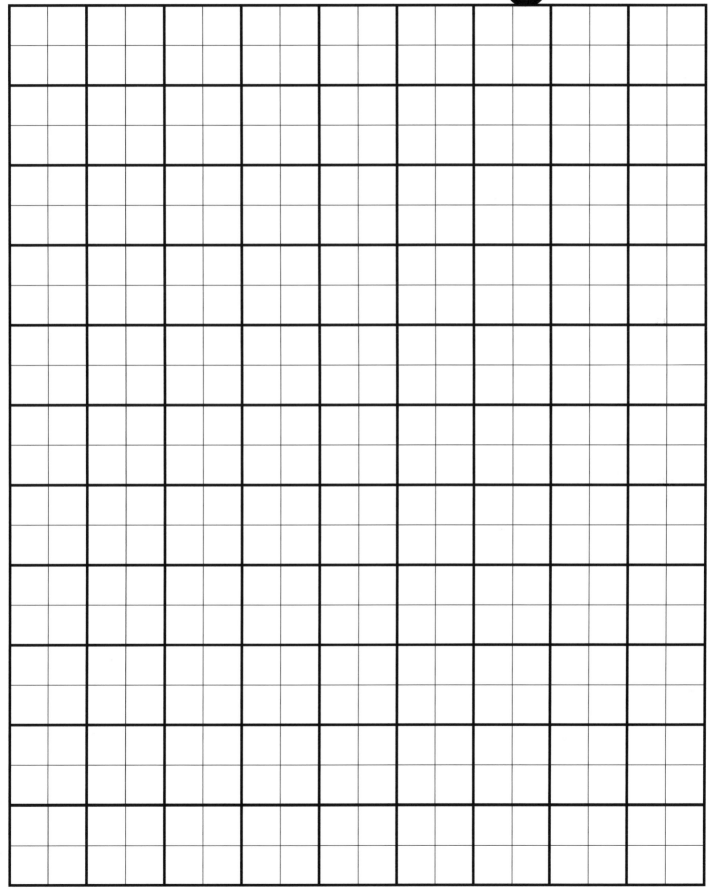

Practice Pages

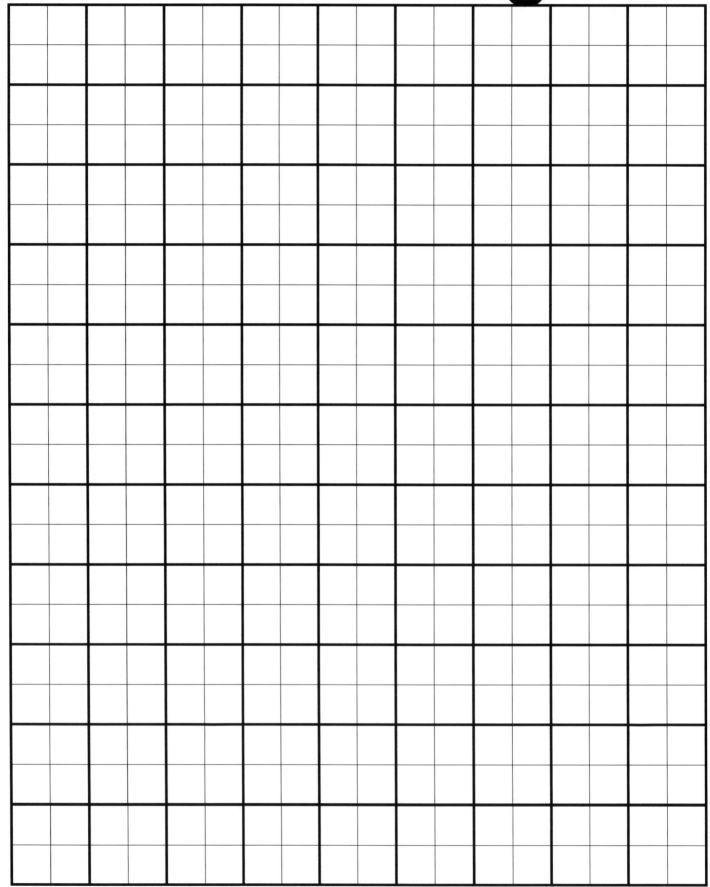

Practice Pages

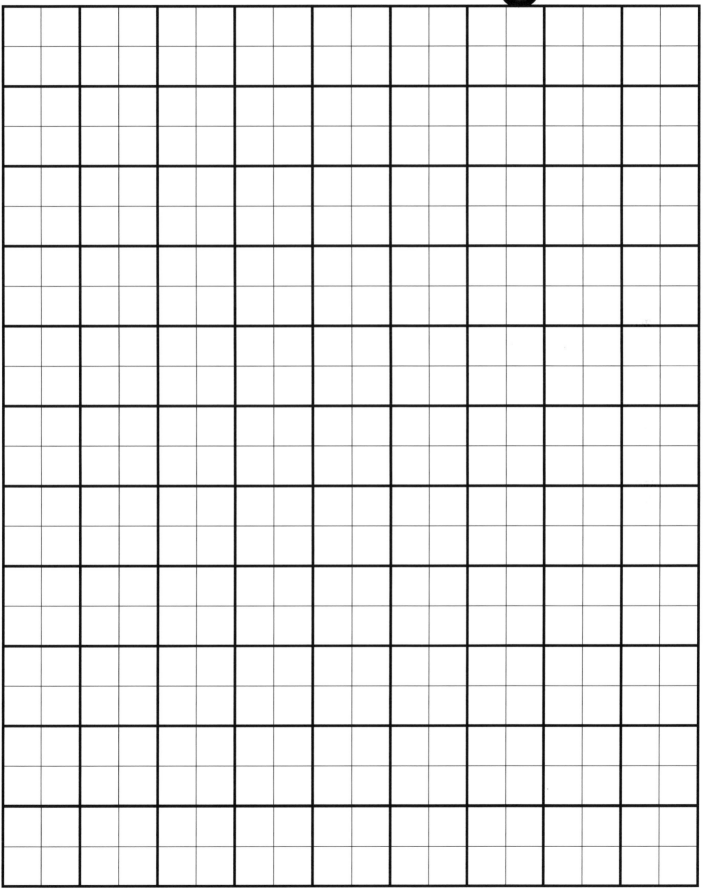

Practice Pages

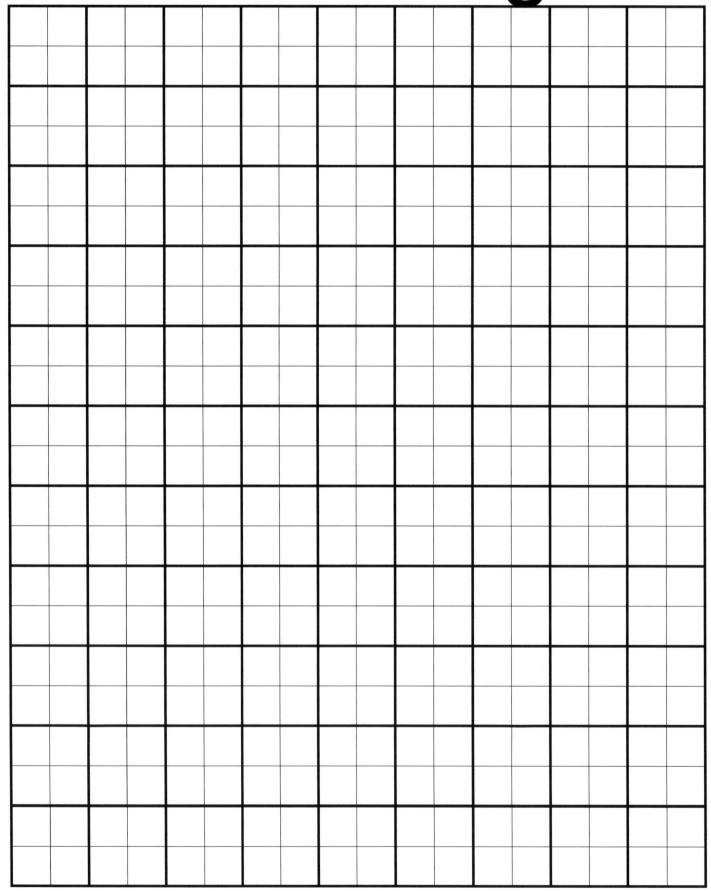

Practice Pages

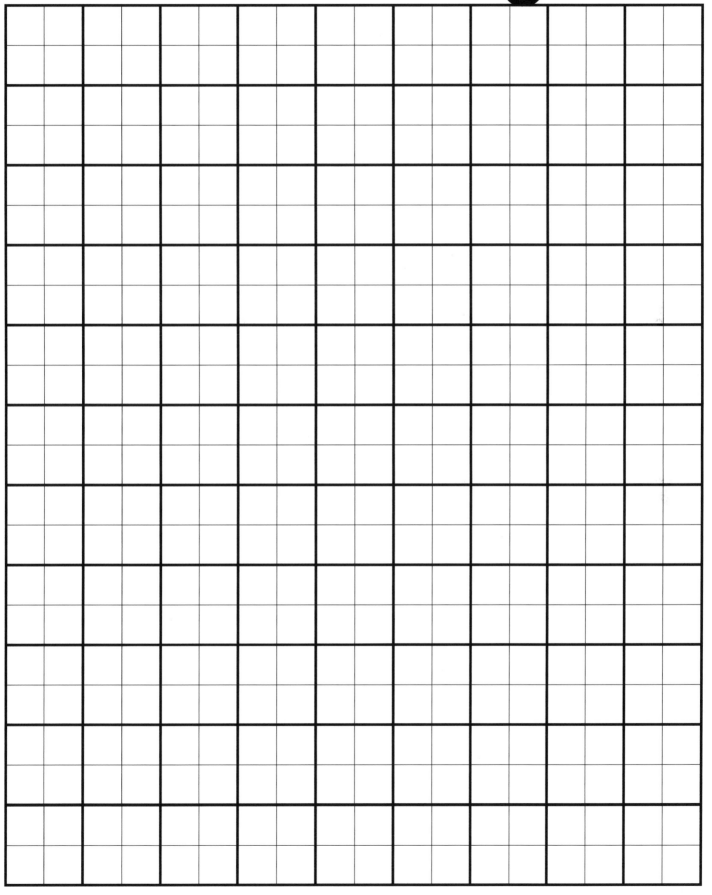

Practice Pages

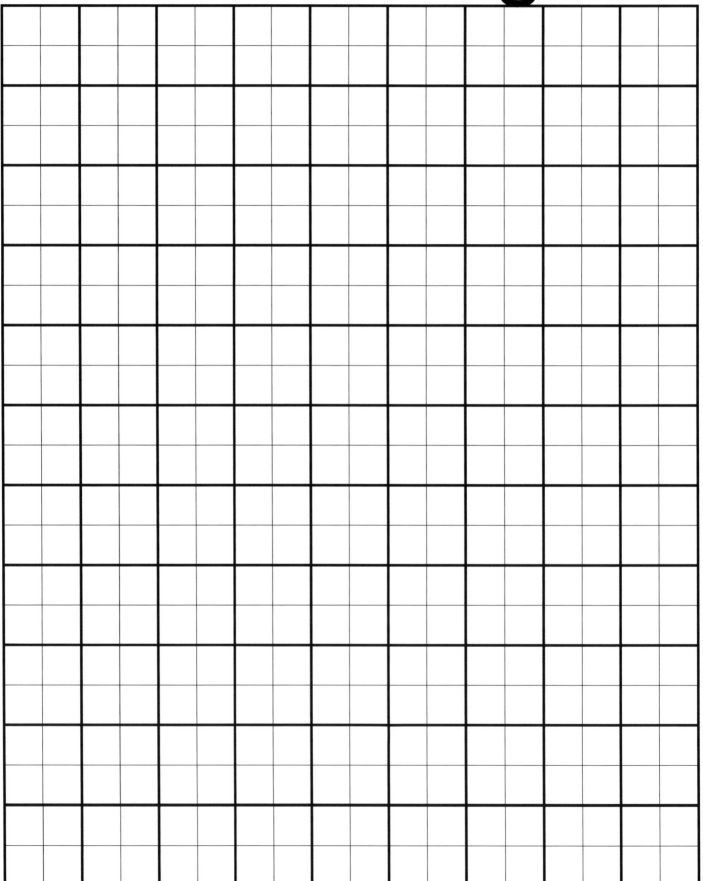

Practice Pages

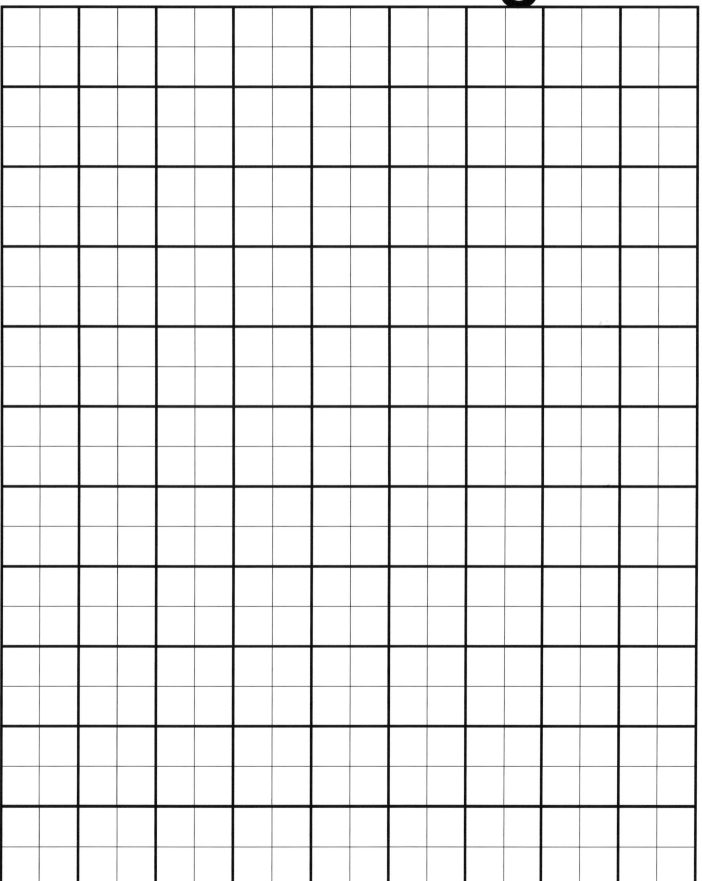

Practice Pages

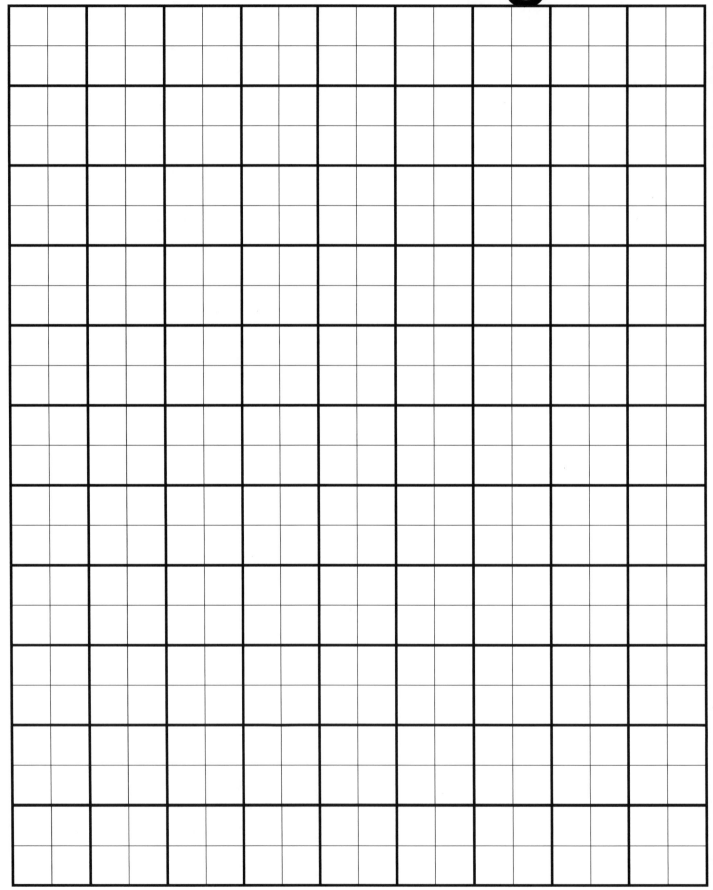

Practice Pages

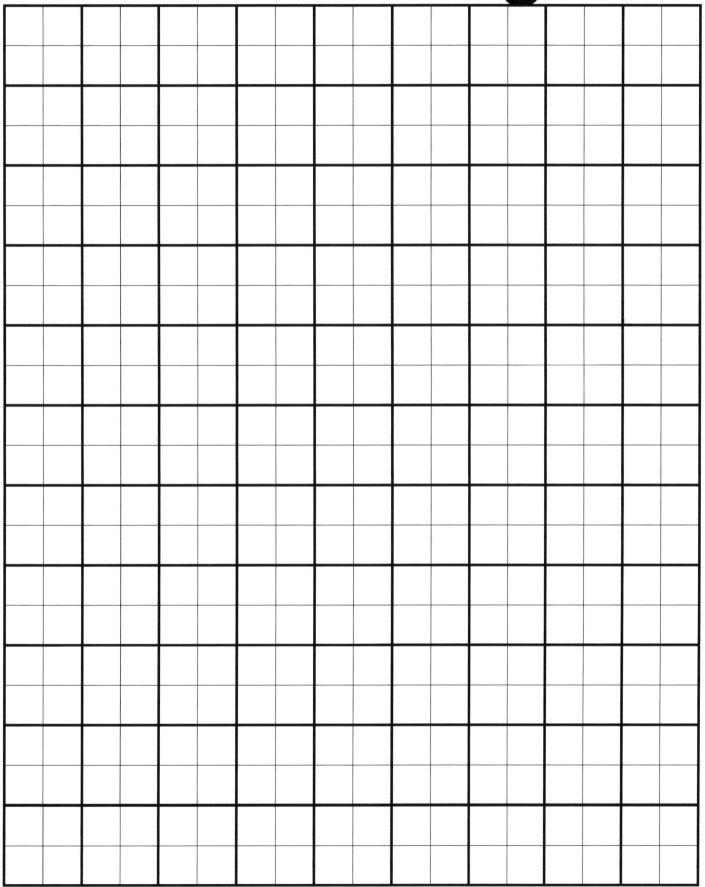

Practice Pages

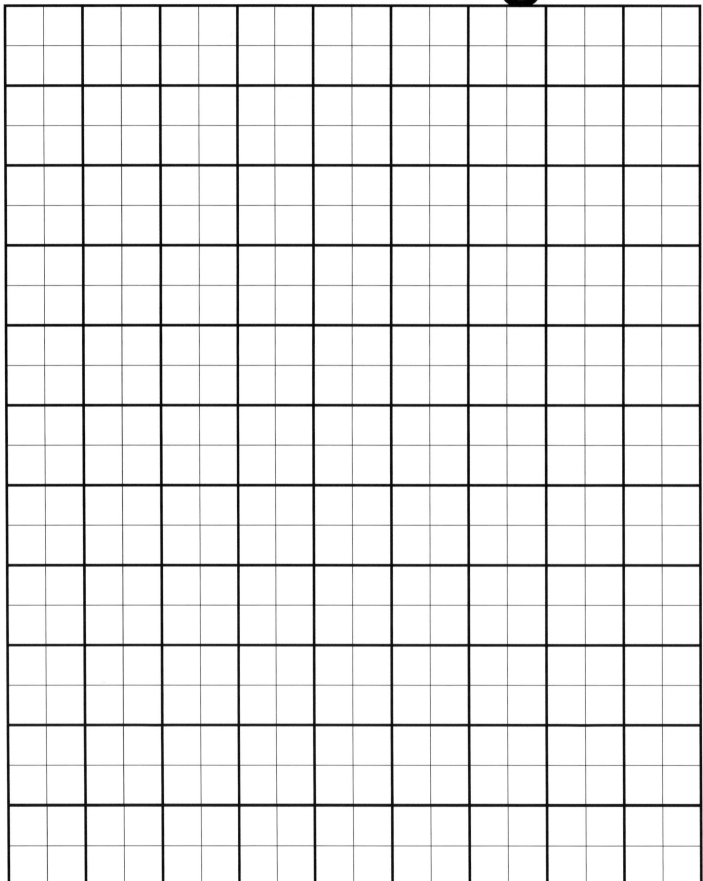

Practice Pages

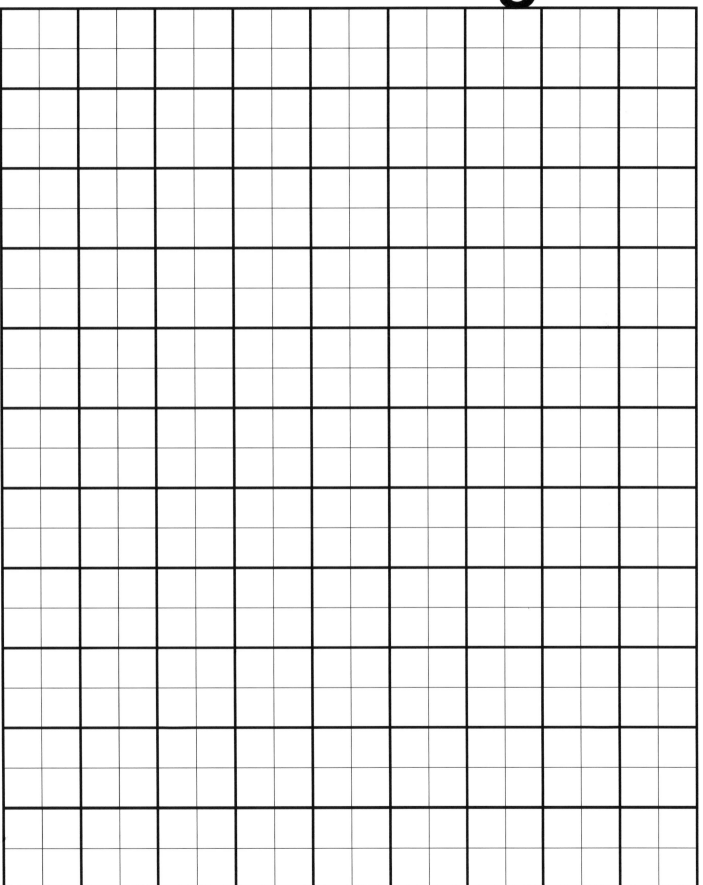

Practice Pages

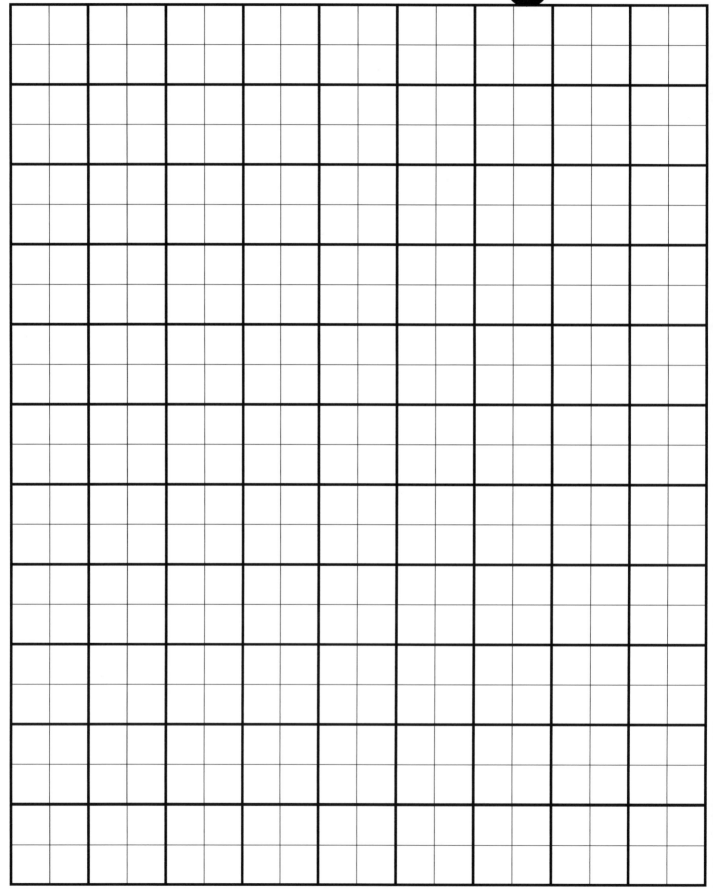

Practice Pages

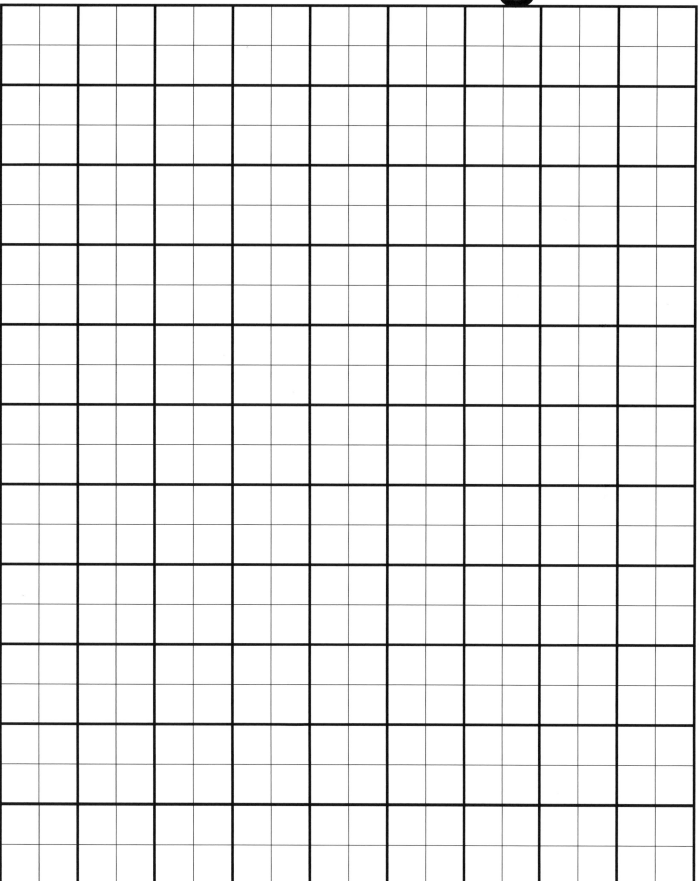

Practice Pages

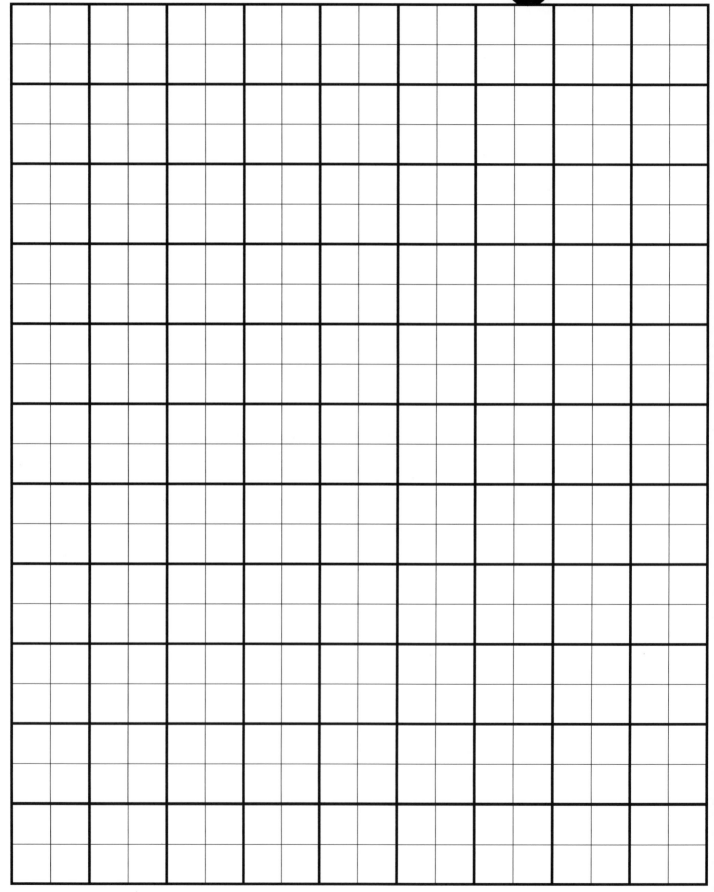

Practice Pages

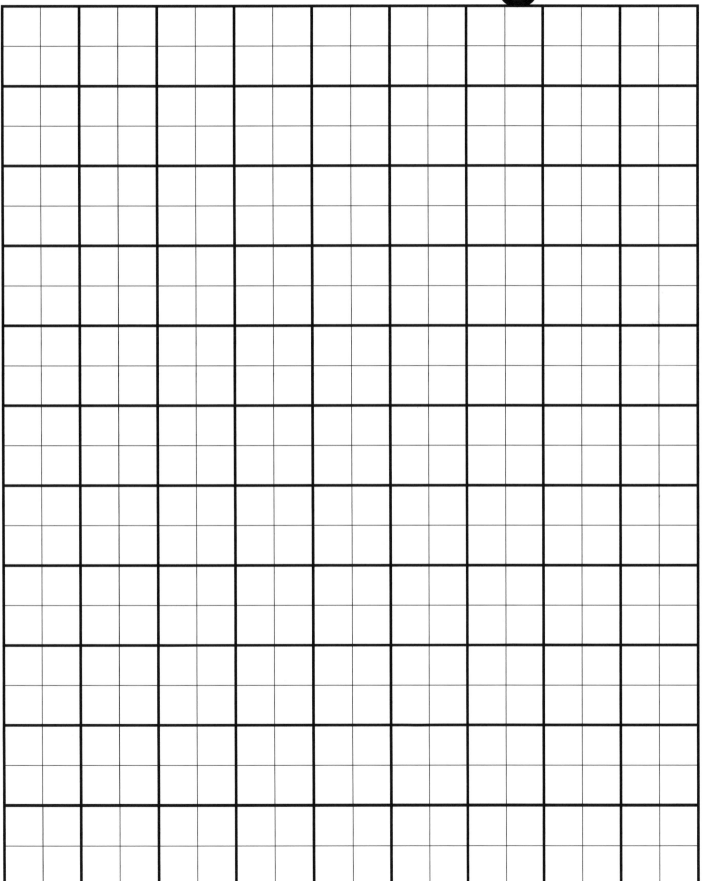

Practice Pages

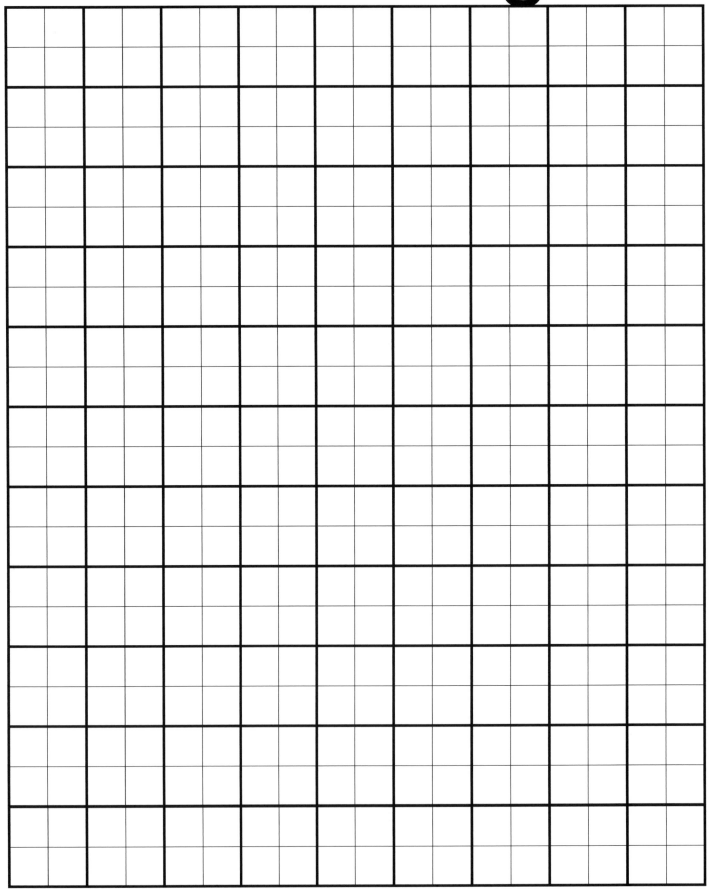

Practice Pages

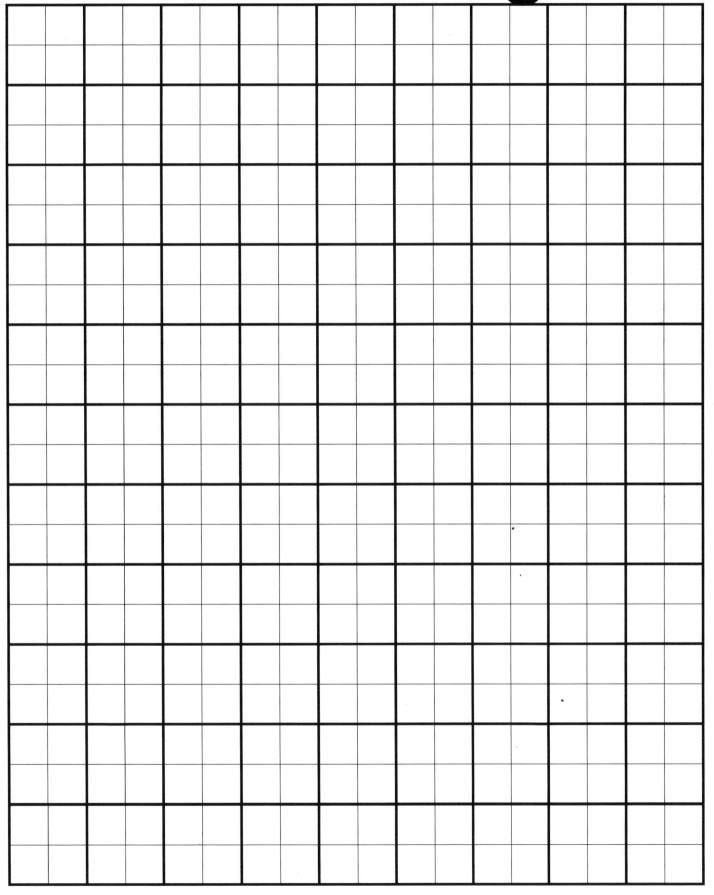

Practice Pages

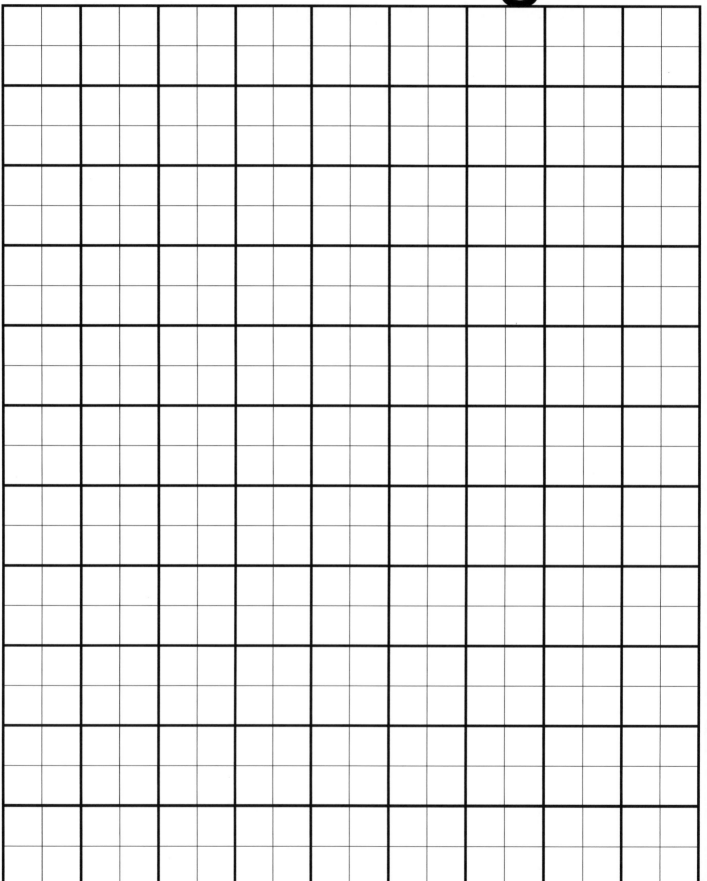

Practice Pages

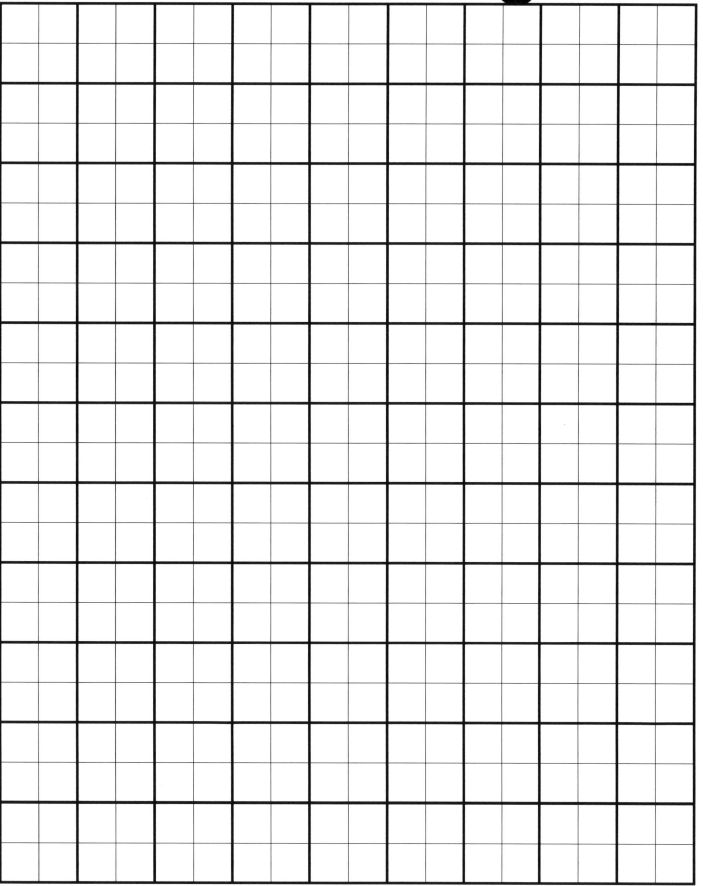

Practice Pages

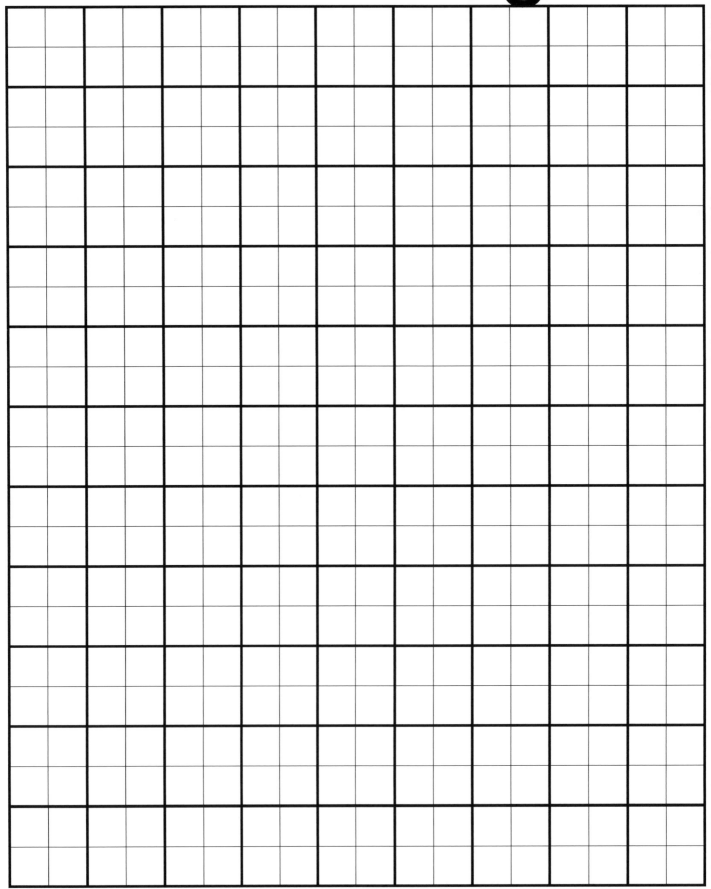

Practice Pages

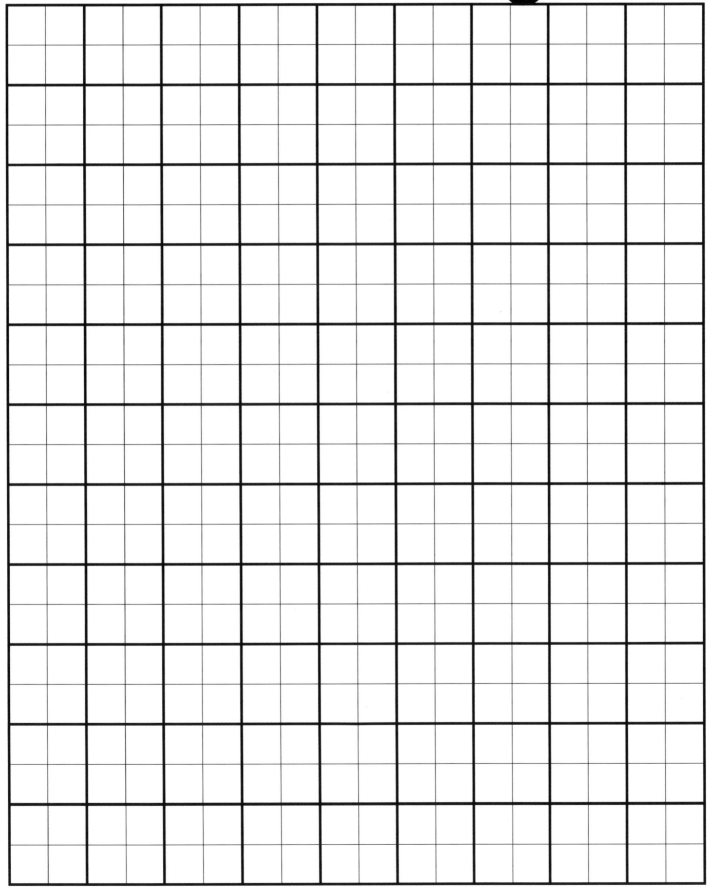

Practice Pages

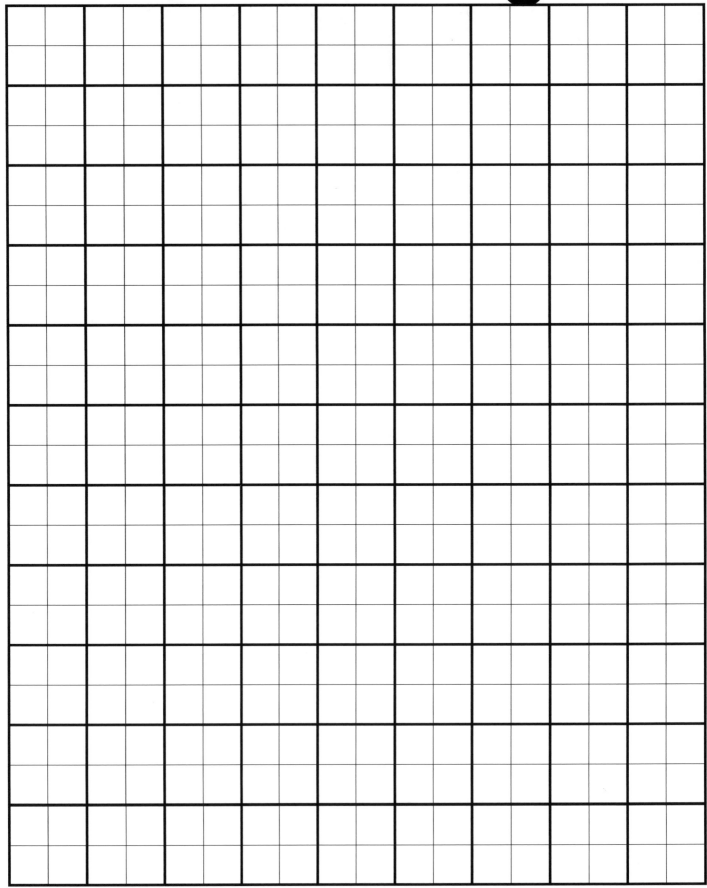

Practice Pages

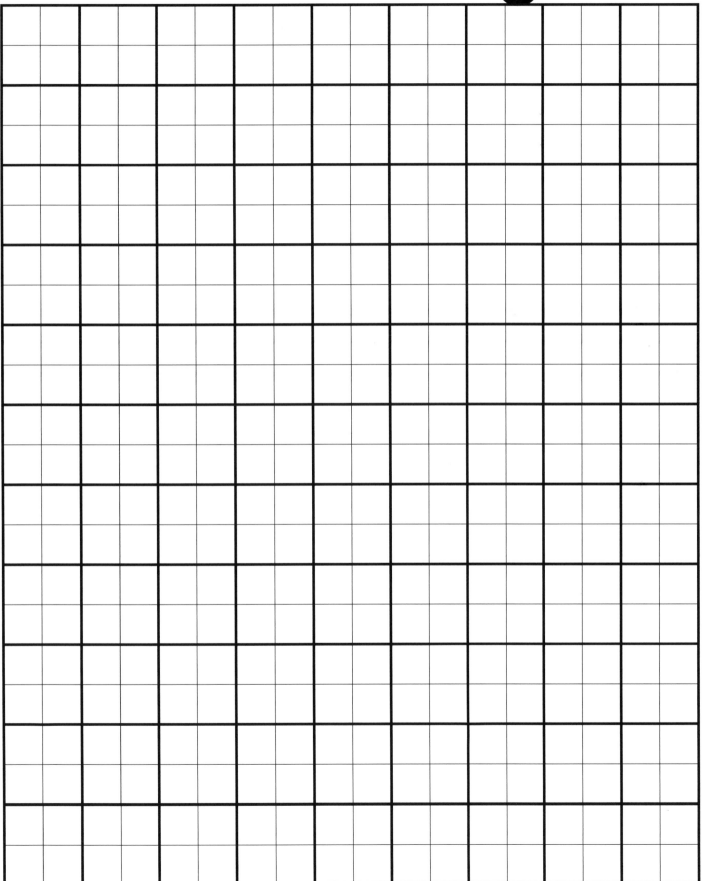

Practice Pages

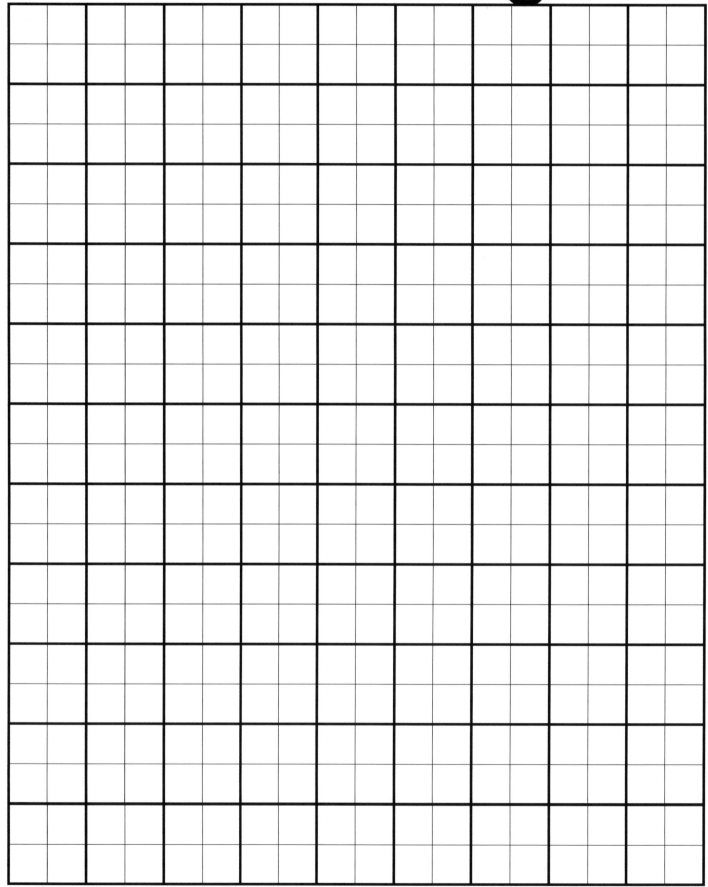

Practice Pages

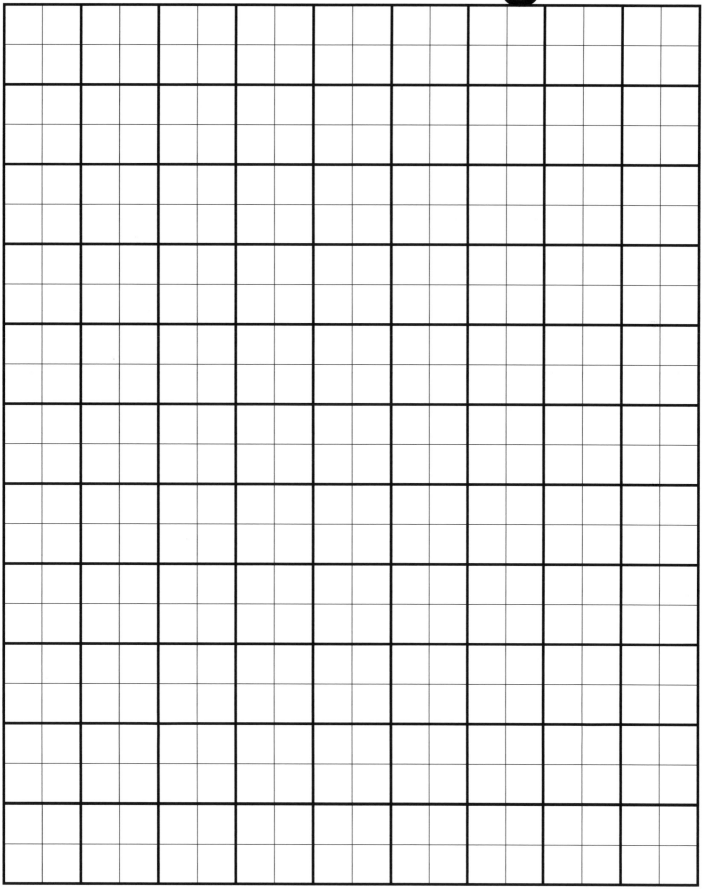

Practice Pages

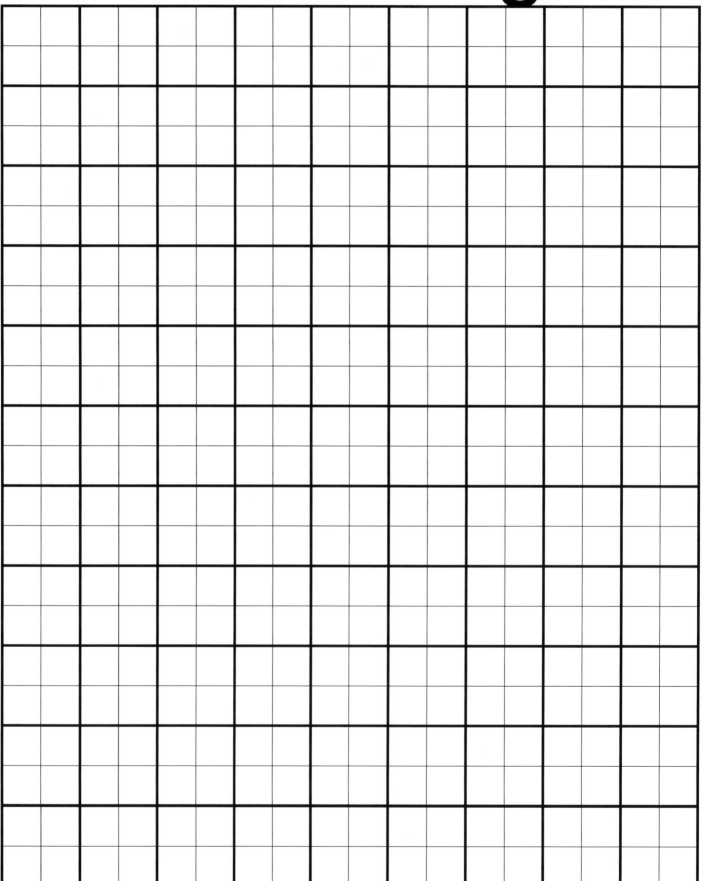

Practice Pages

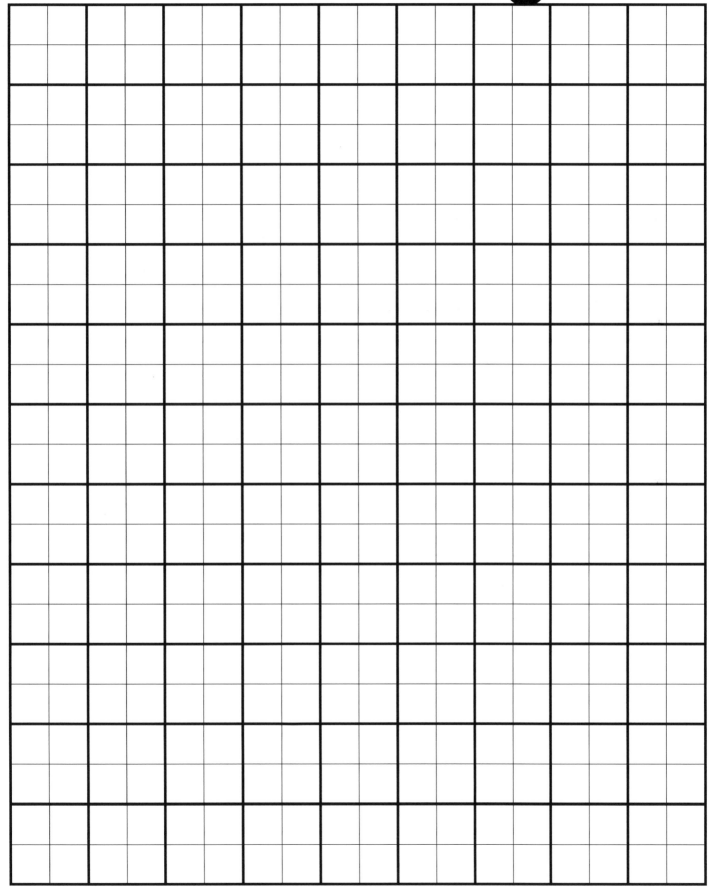

Practice Pages

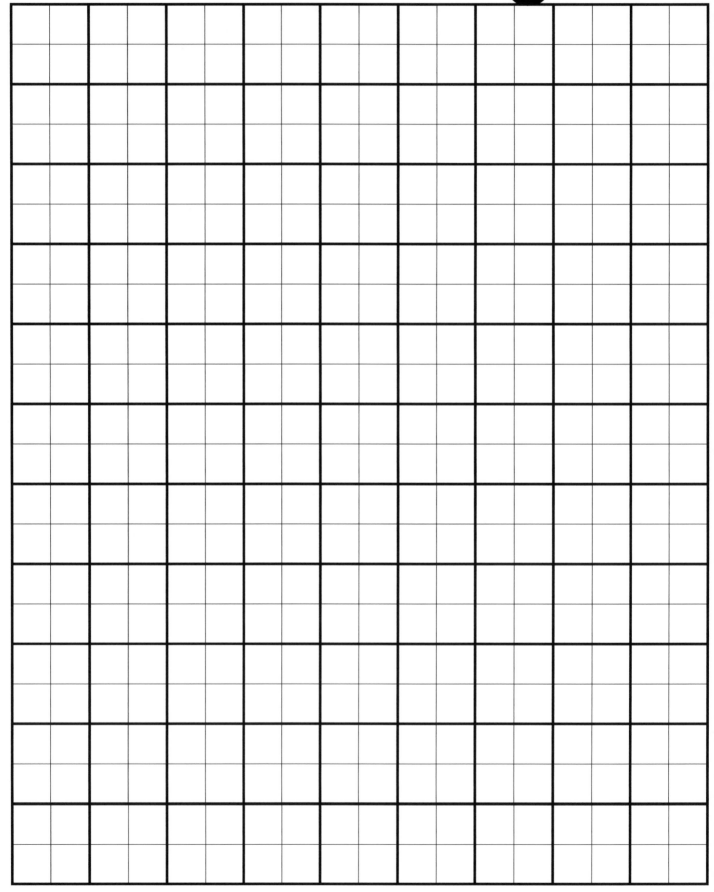

Practice Pages

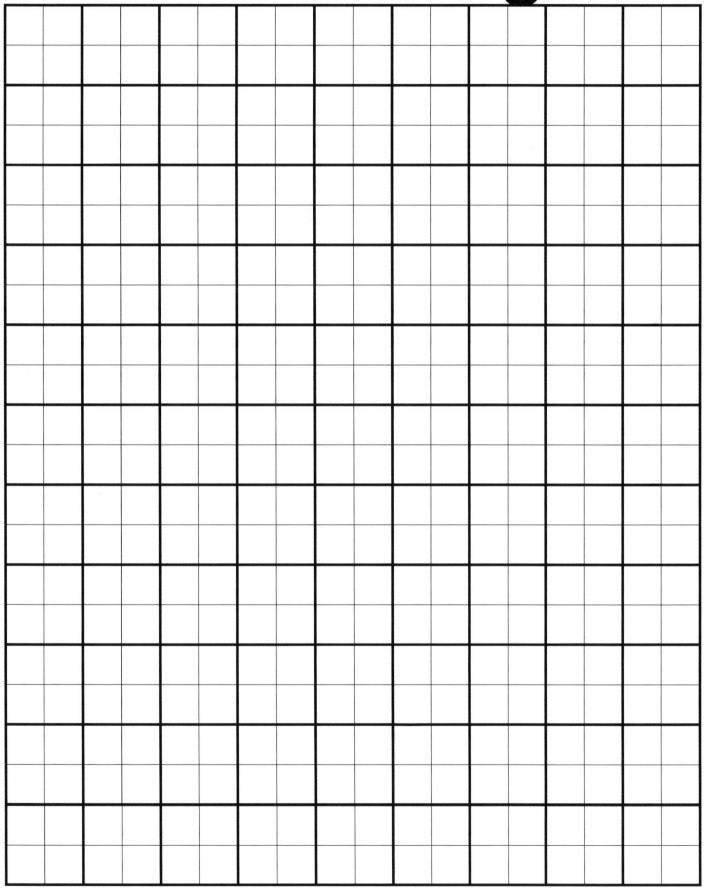

Practice Pages

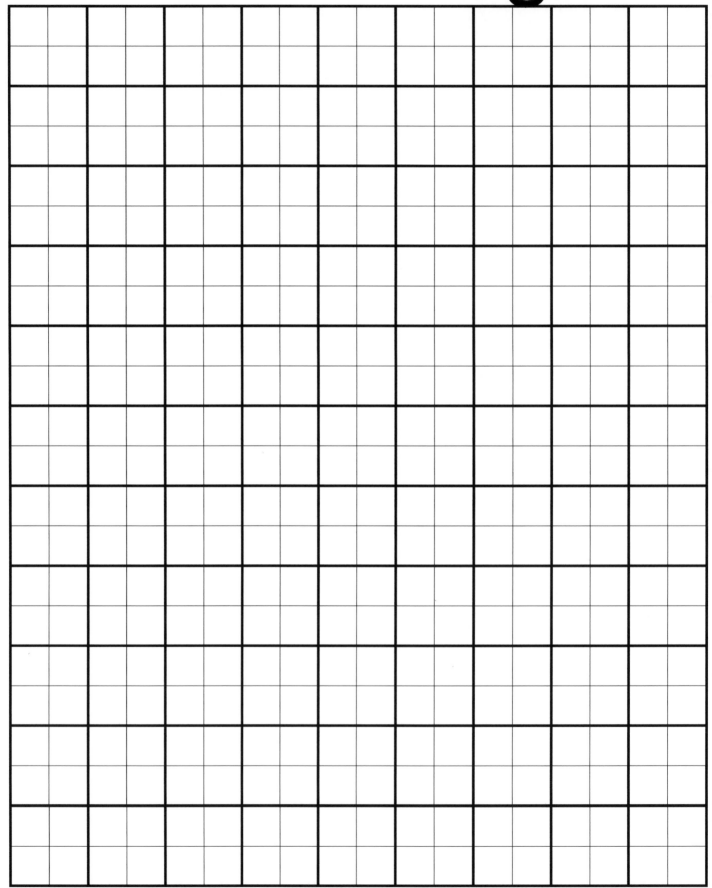

Practice Pages

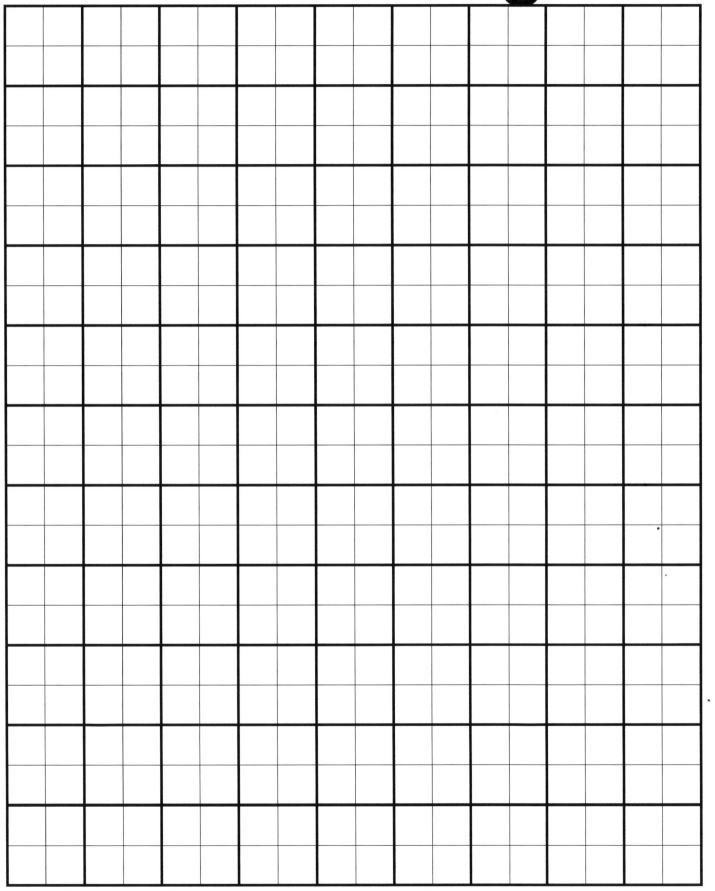

Practice Pages

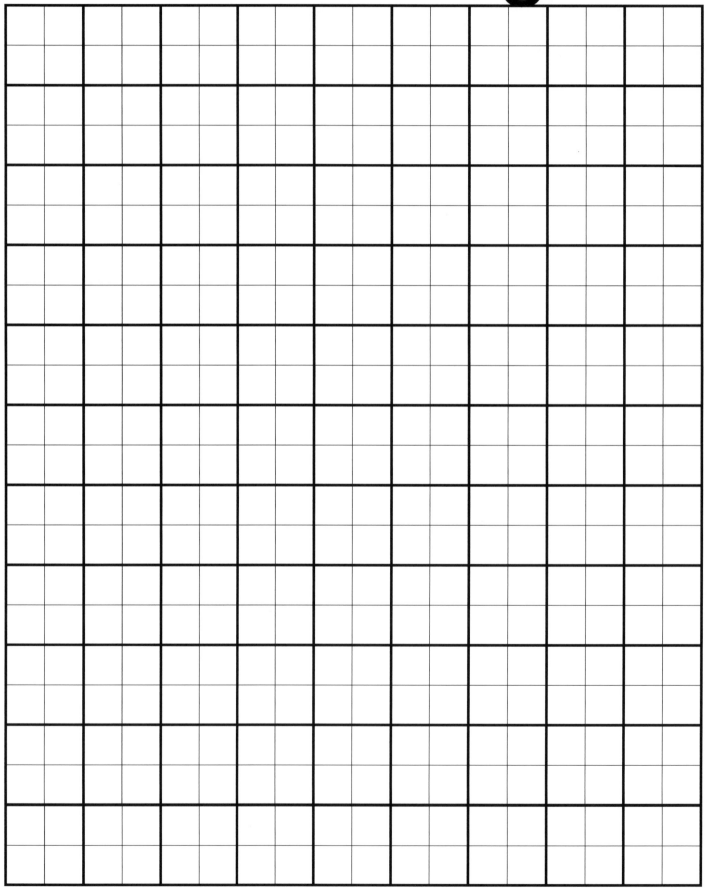

Practice Pages

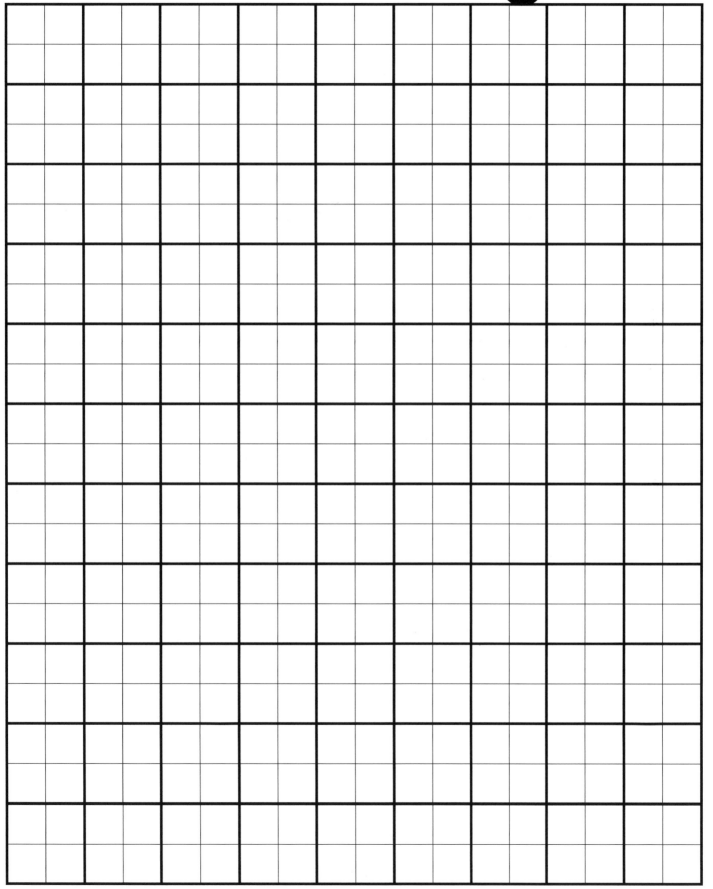

Practice Pages

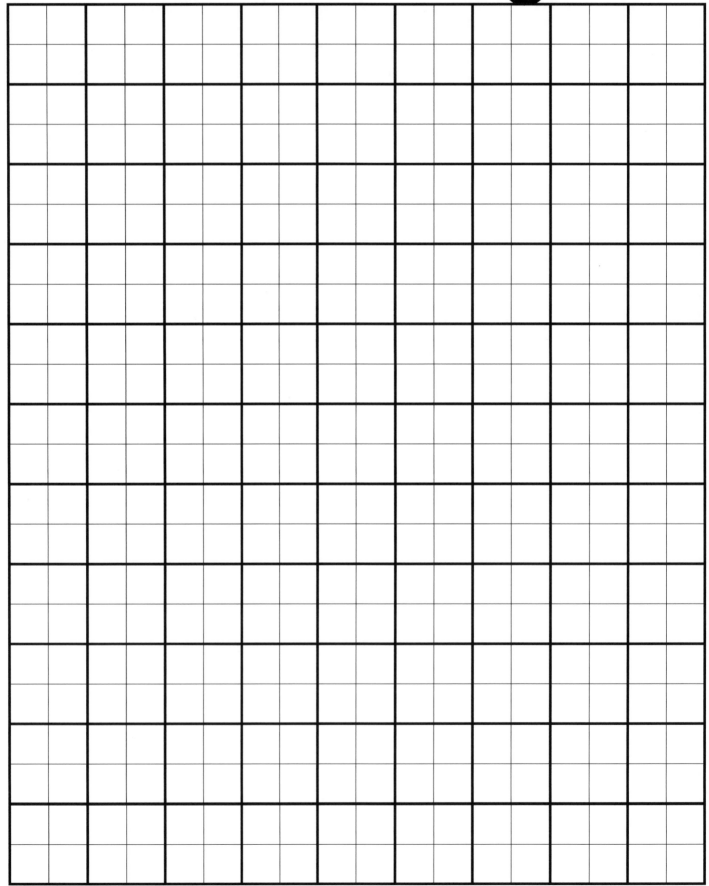

Practice Pages

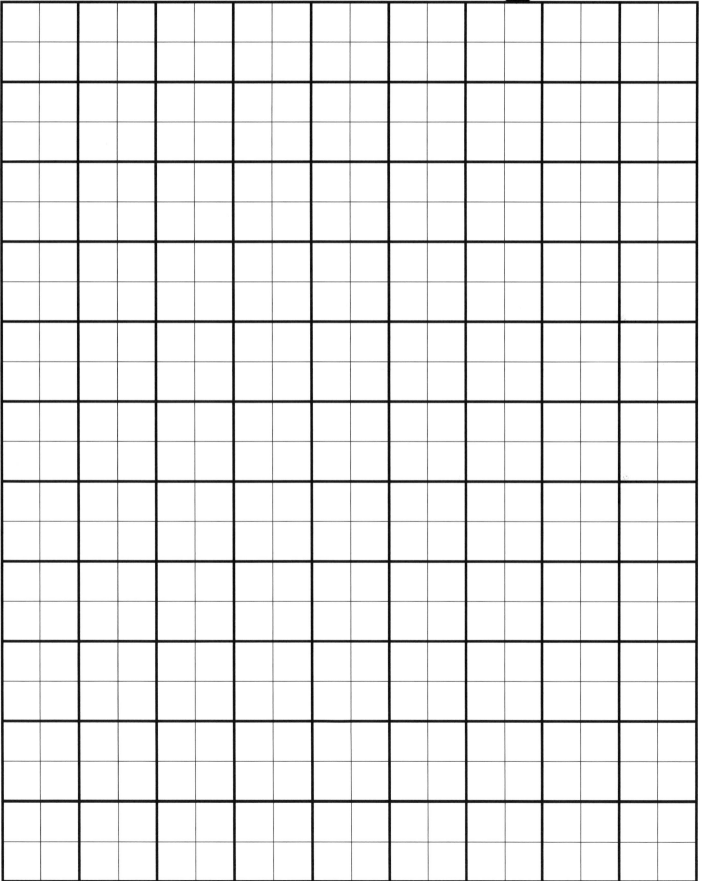

Practice Pages

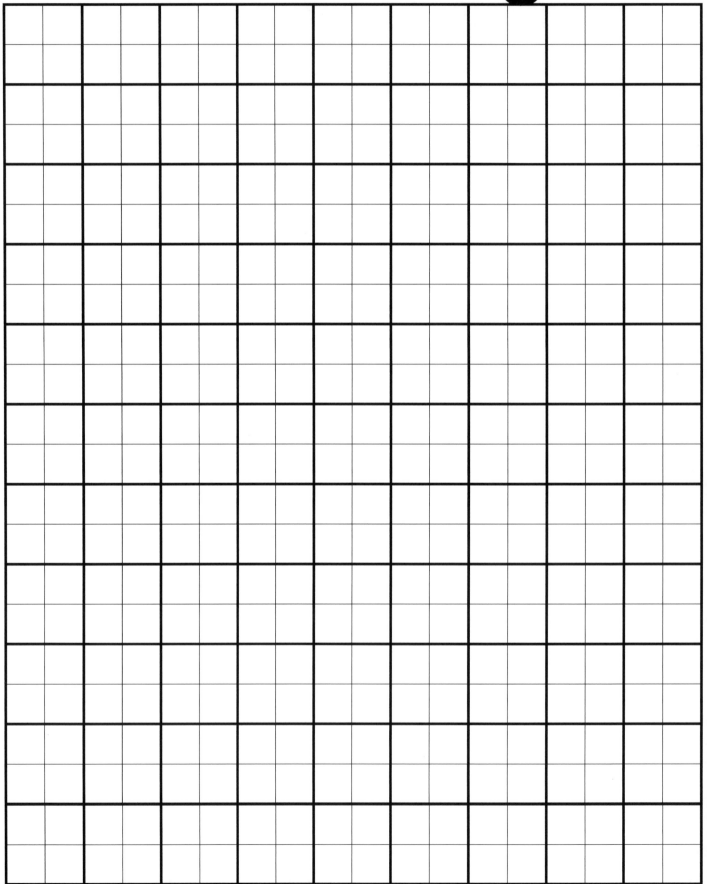

Practice Pages

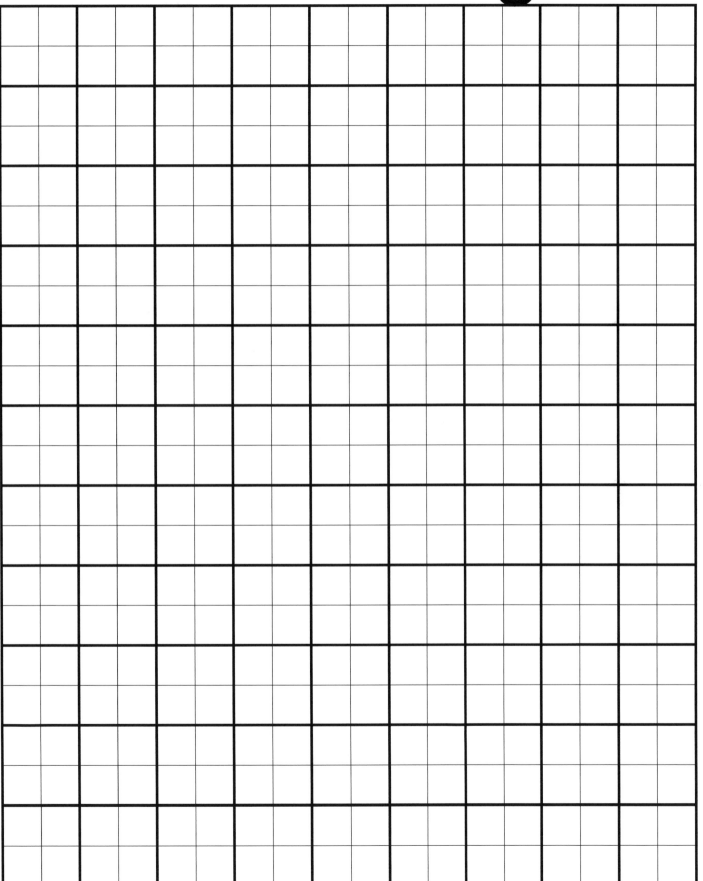

Practice Pages

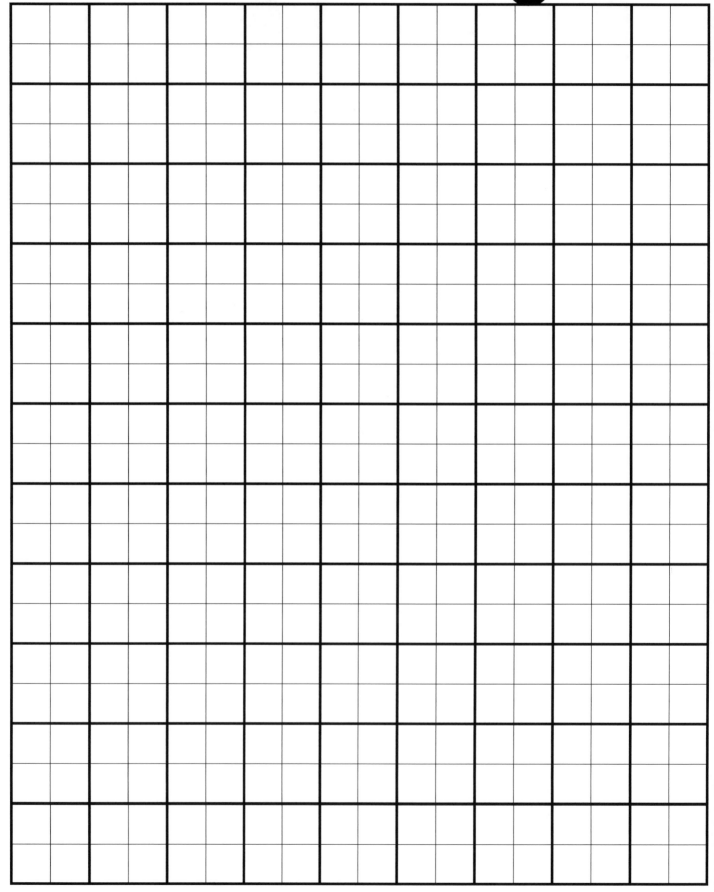

Practice Pages

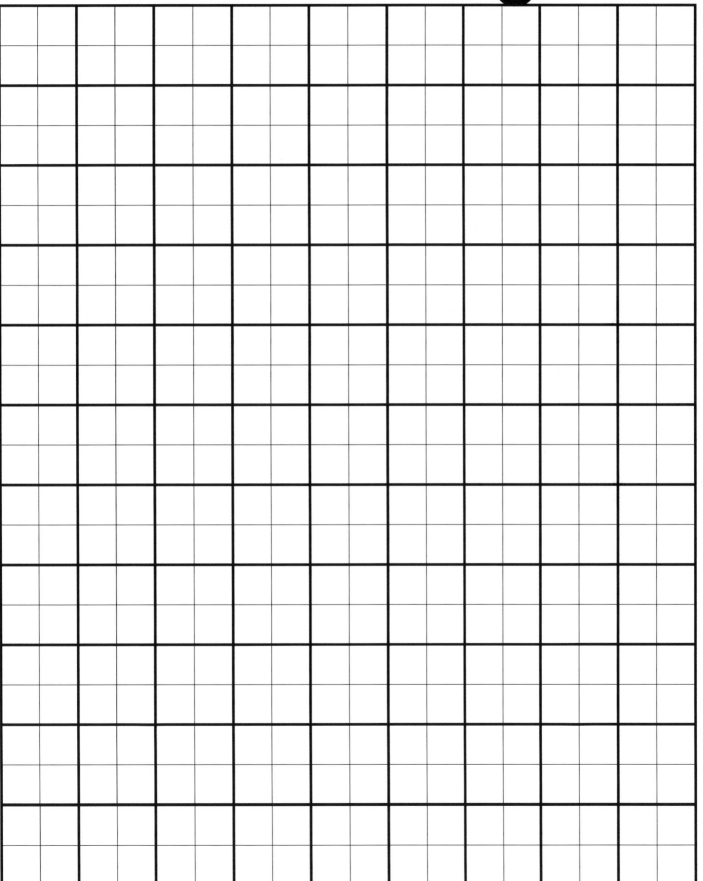

Practice Pages

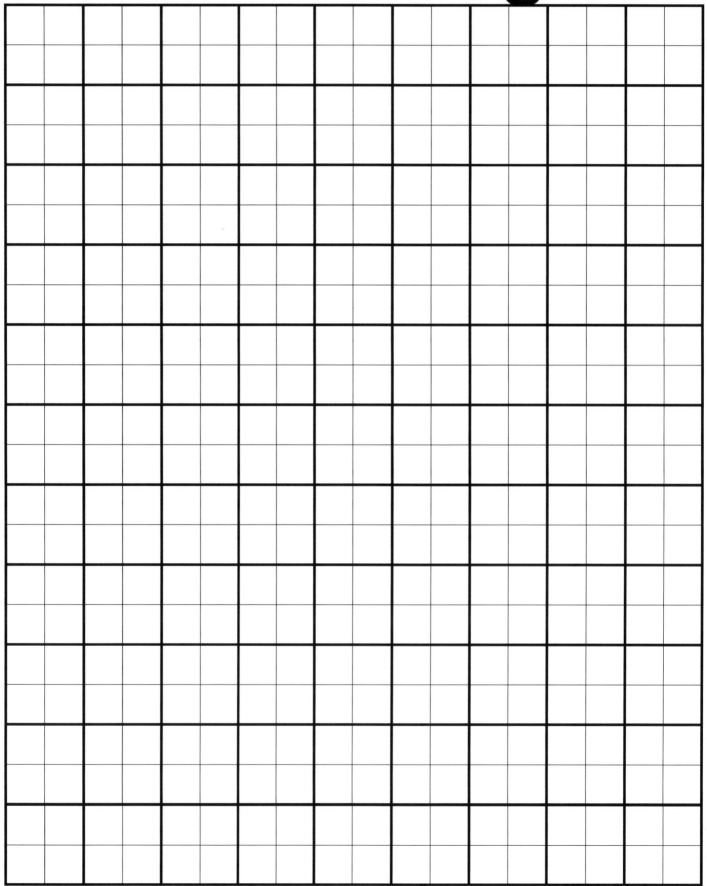

Practice Pages

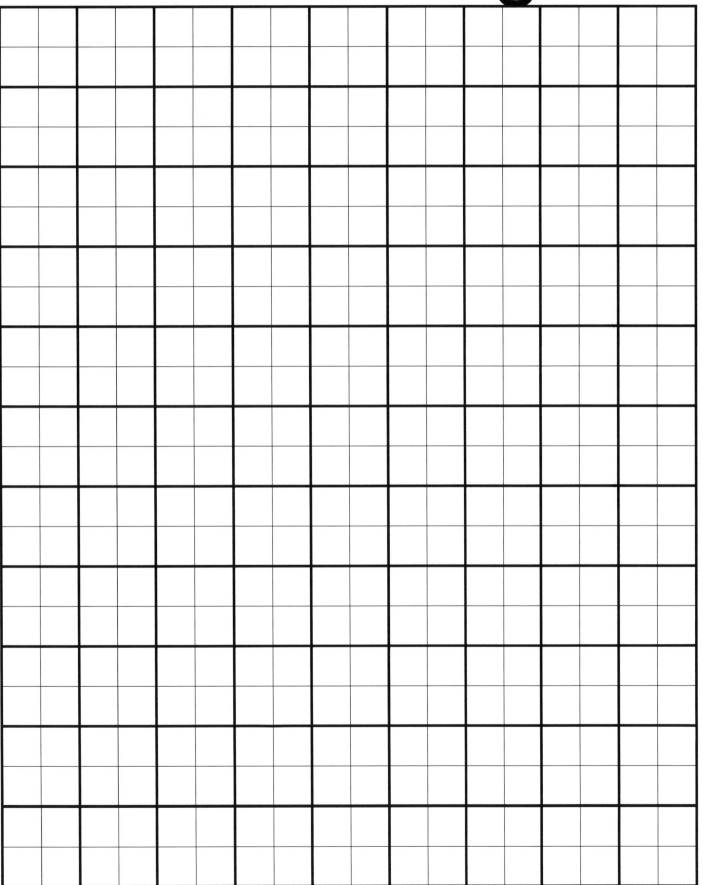

Practice Pages

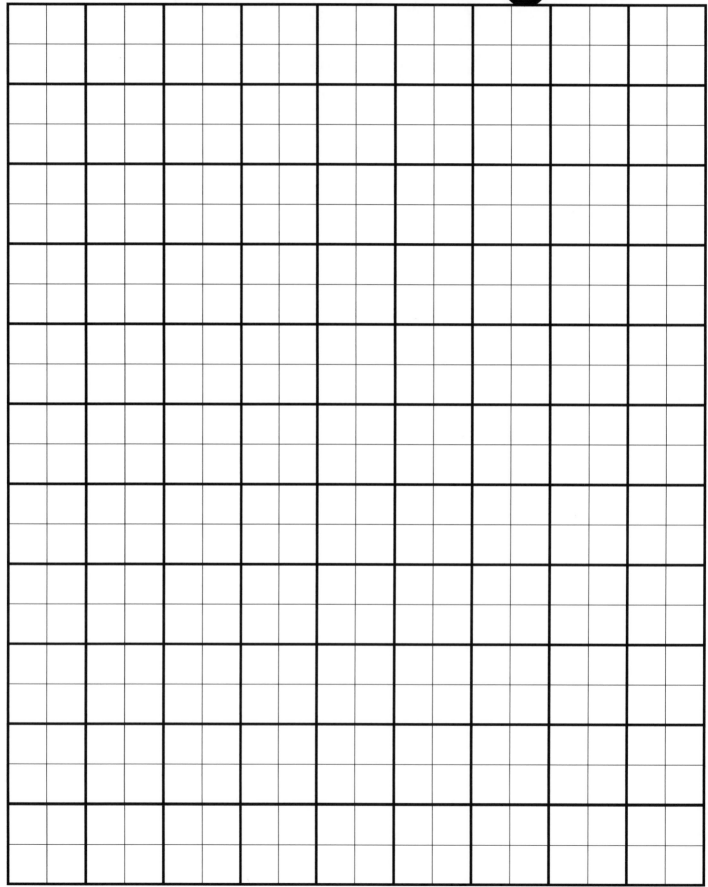

Practice Pages

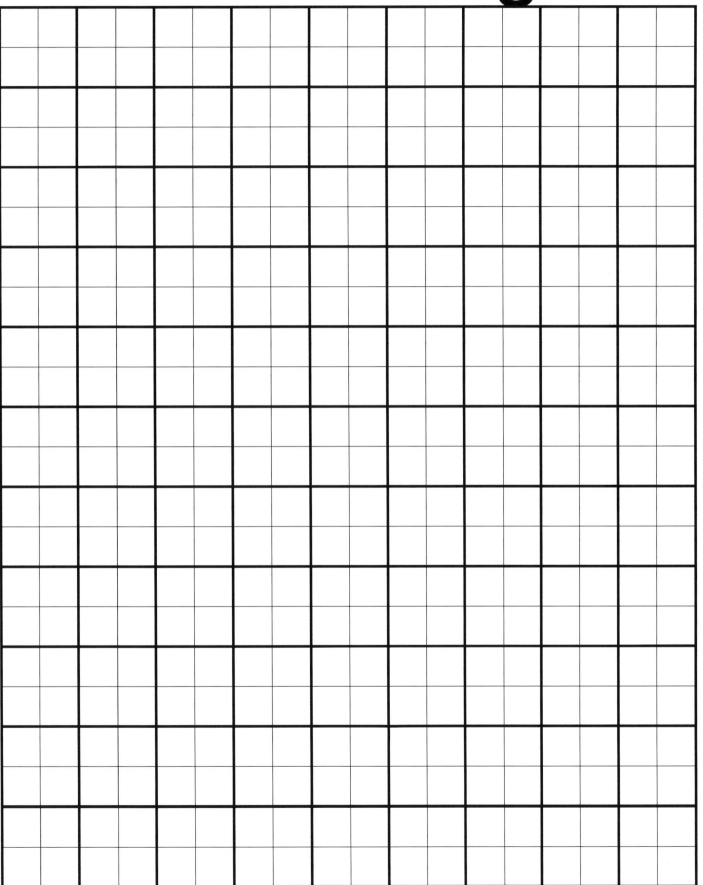

Practice Pages

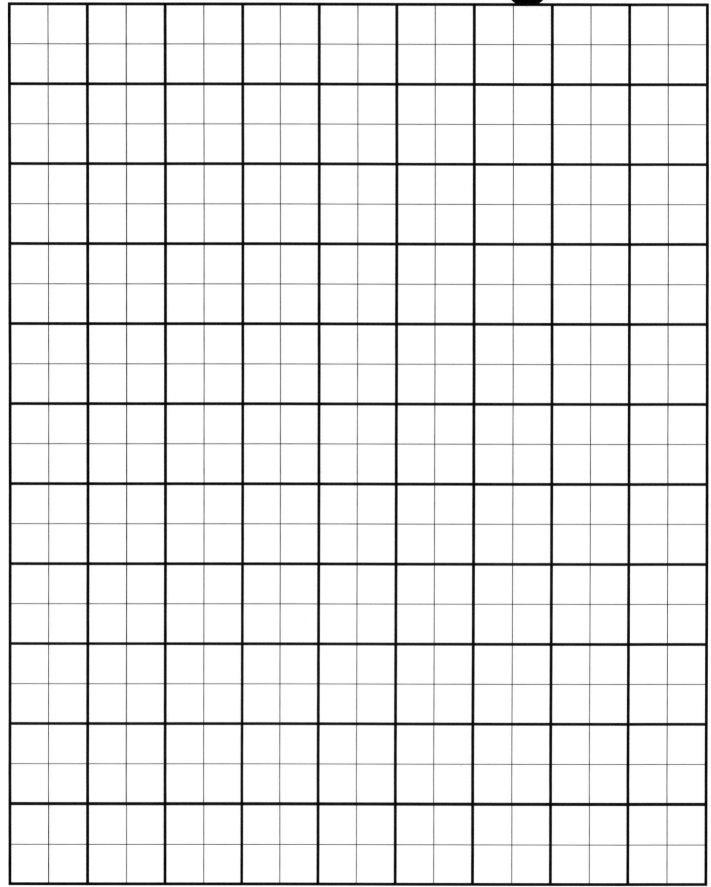

Practice Pages

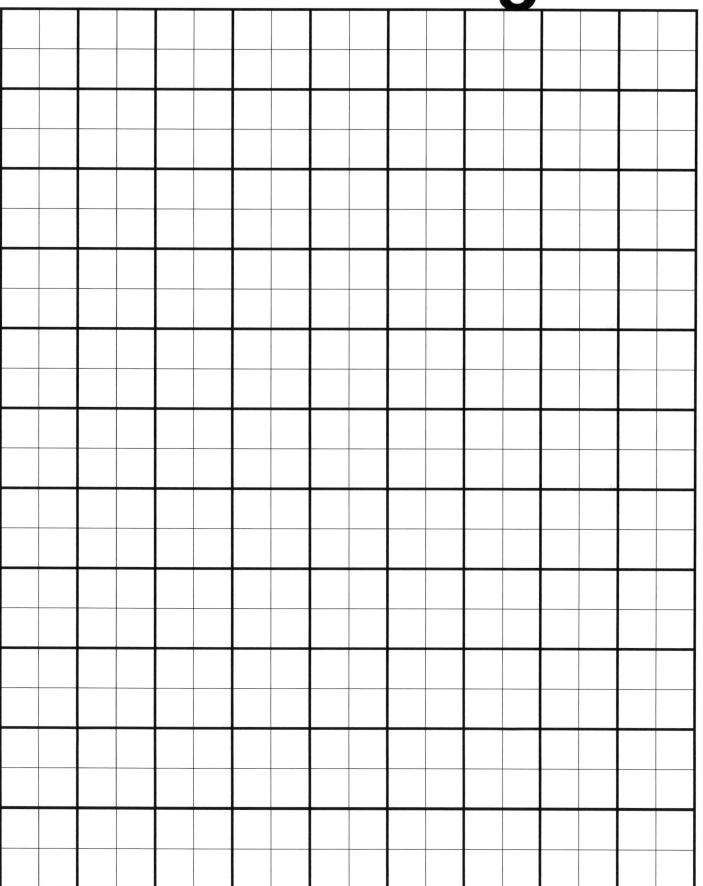

Practice Pages

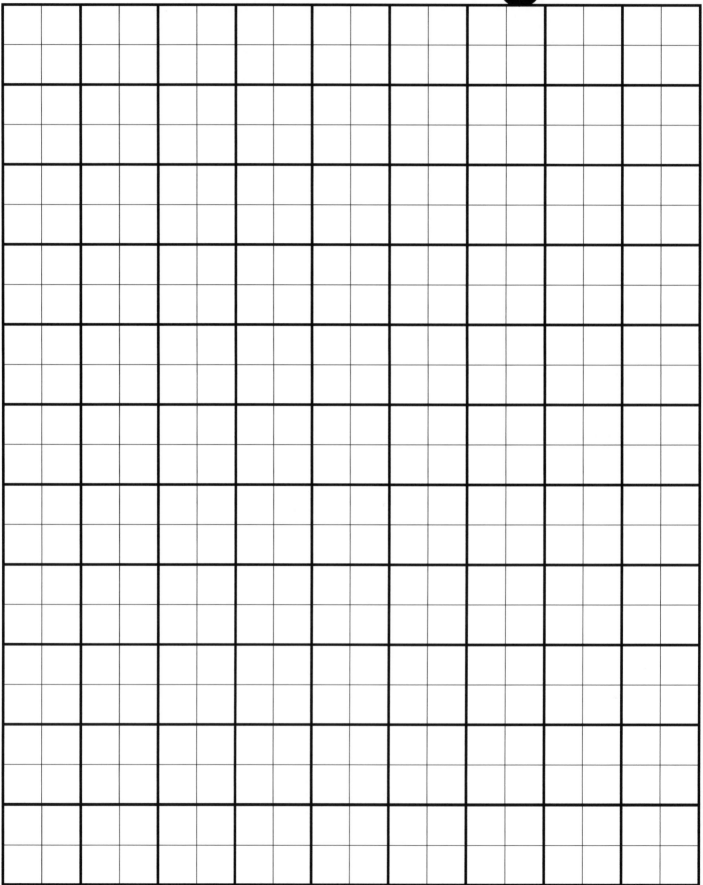

Practice Pages

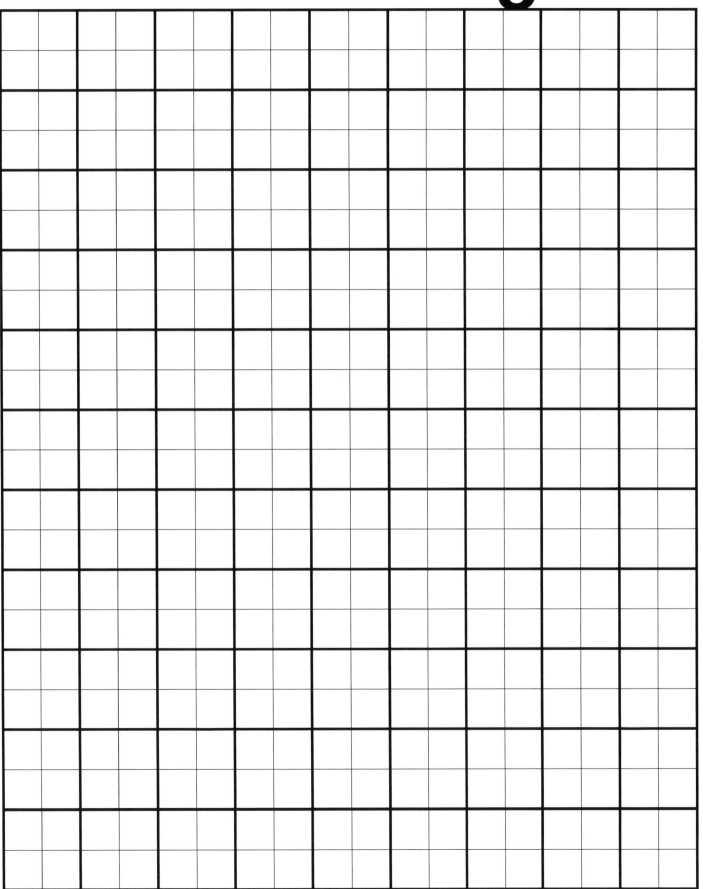

Practice Pages

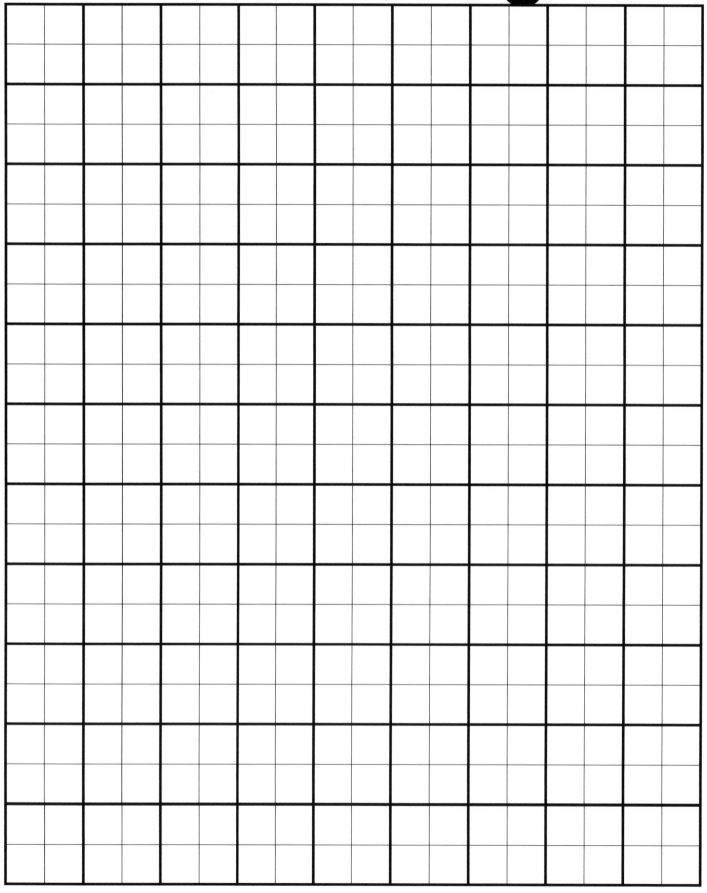

Practice Pages

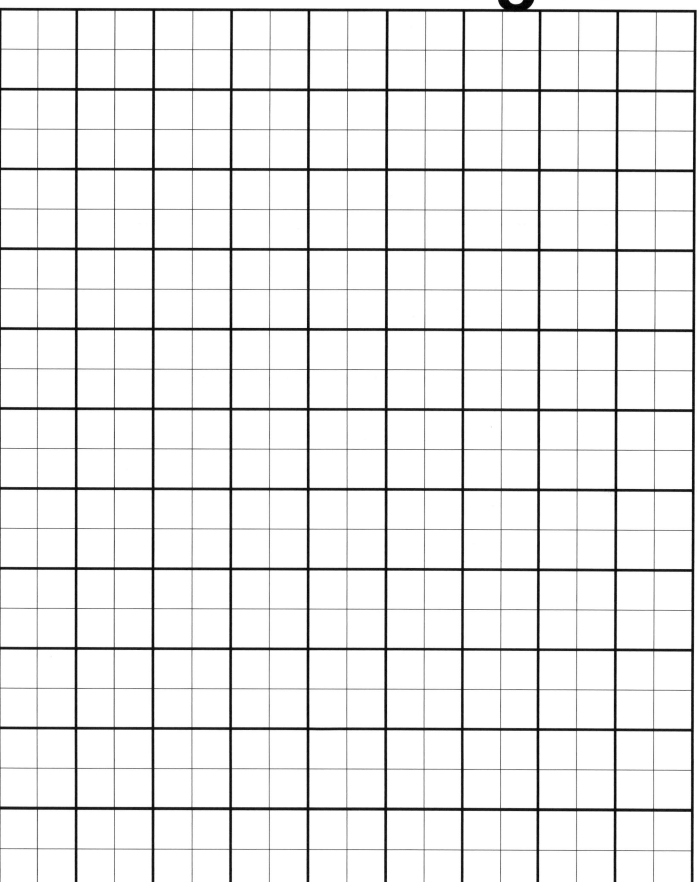

Practice Pages

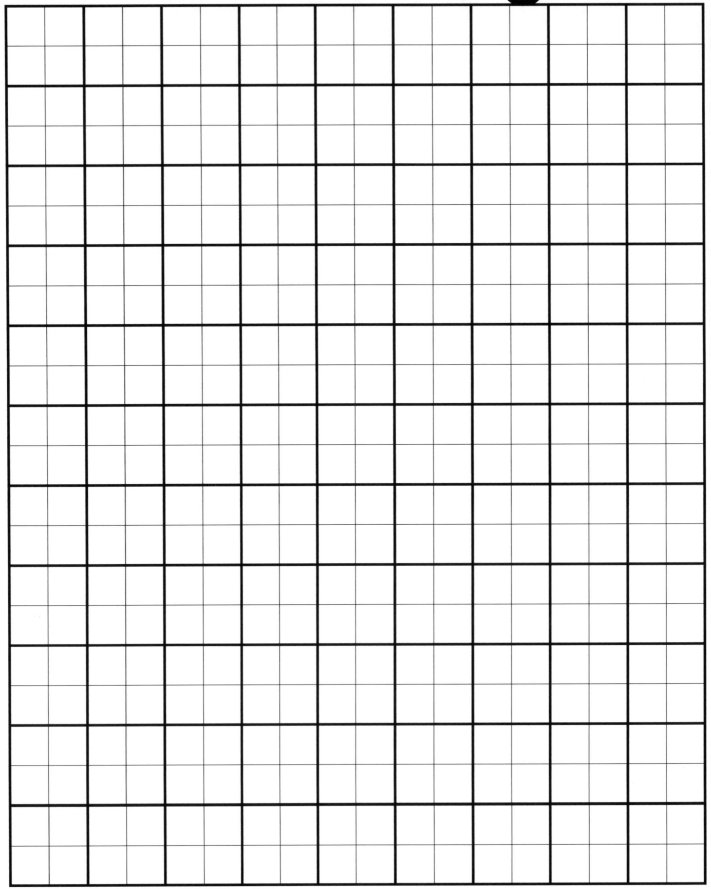

Practice Pages

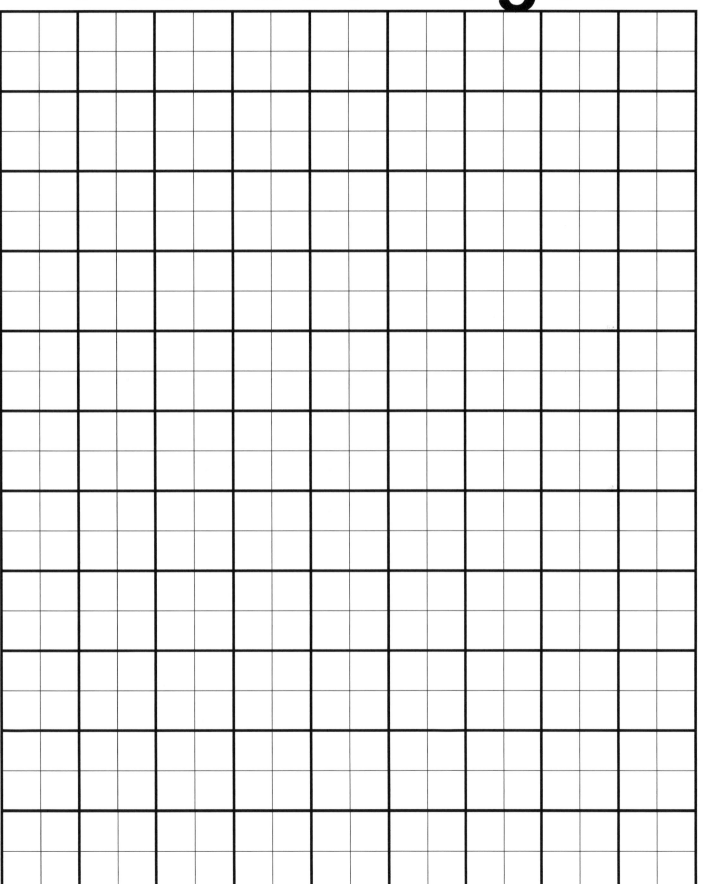

Practice Pages

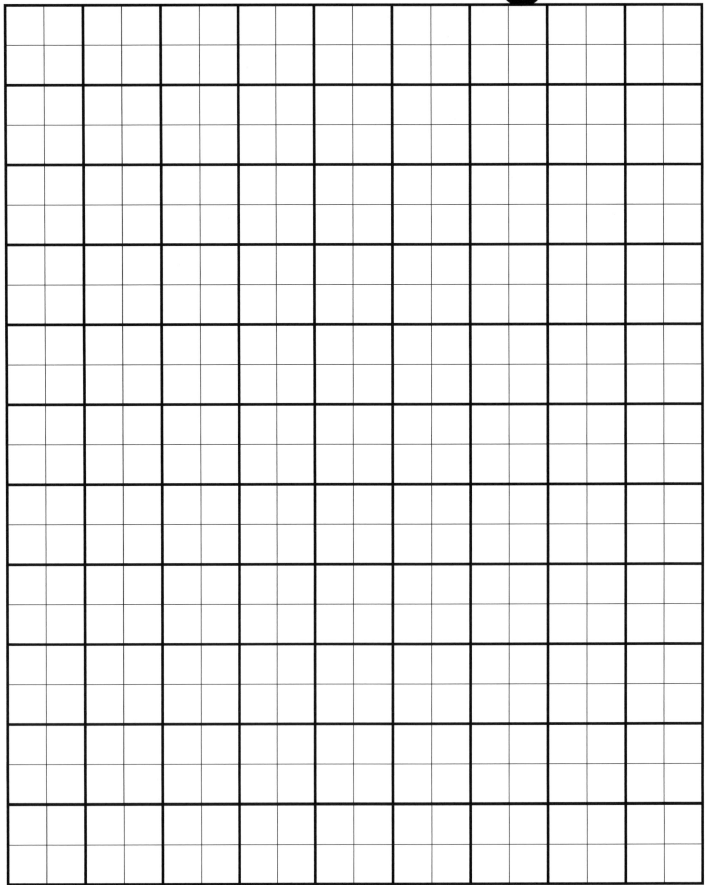

Practice Pages

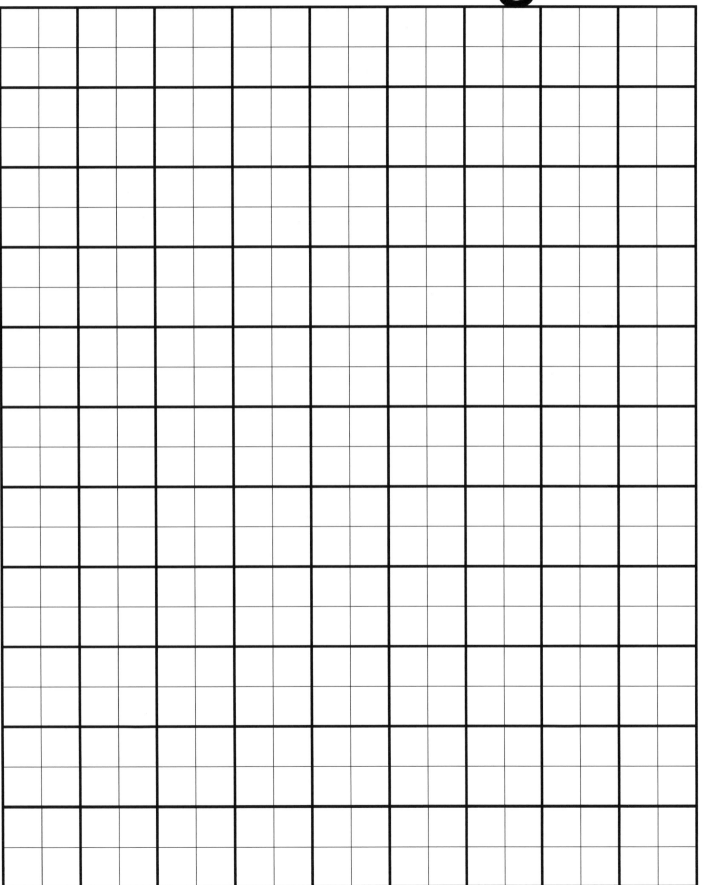

Practice Pages

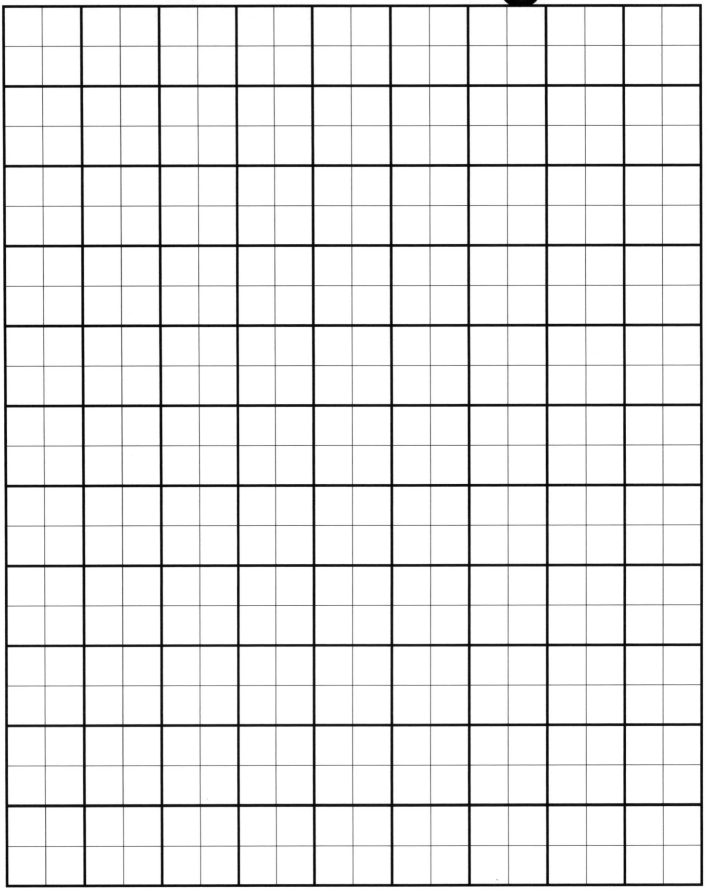

Practice Pages

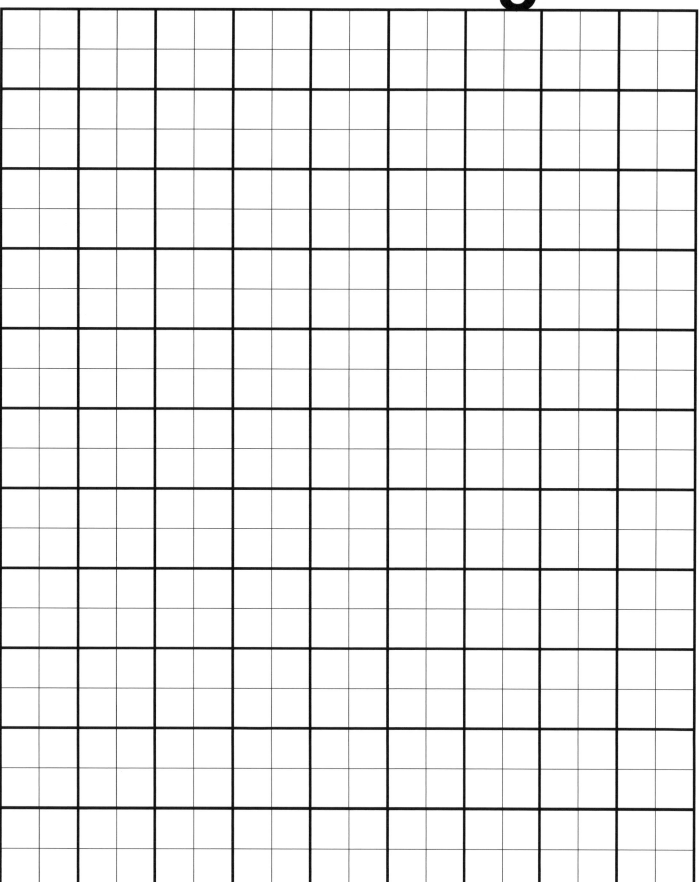

Practice Pages

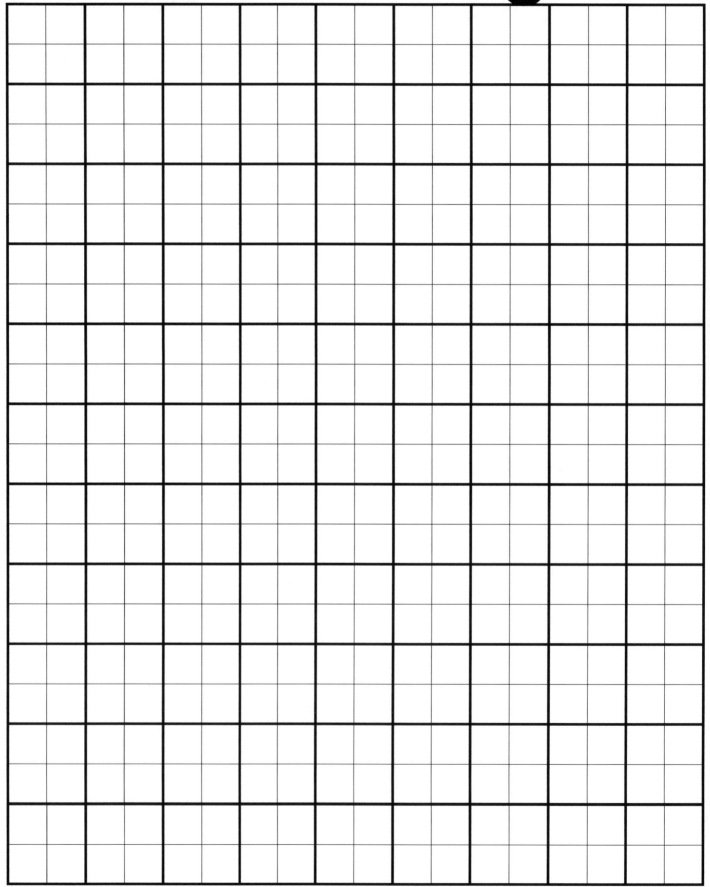

Practice Pages

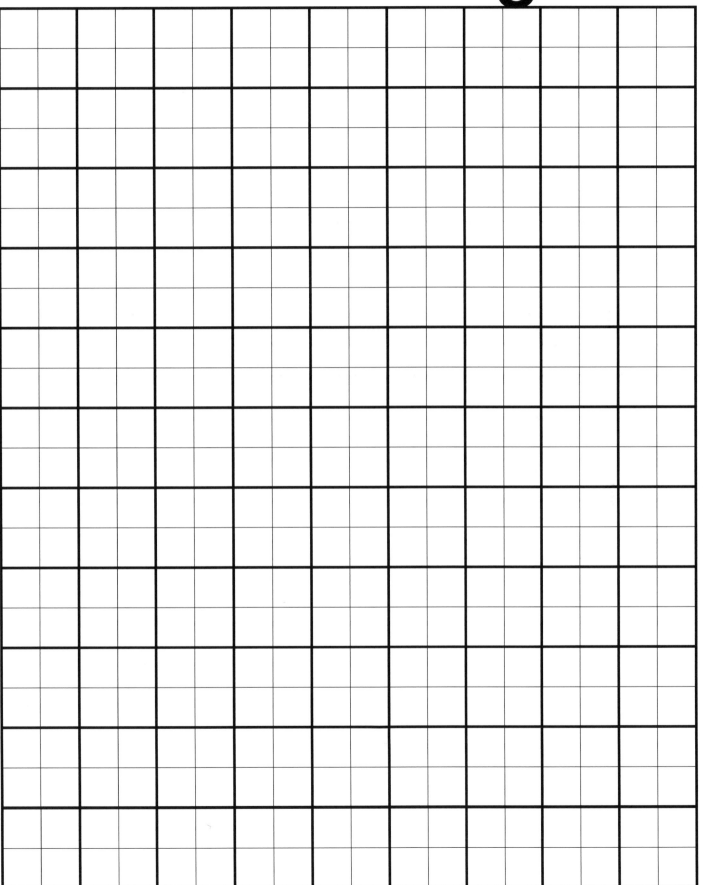

Practice Pages

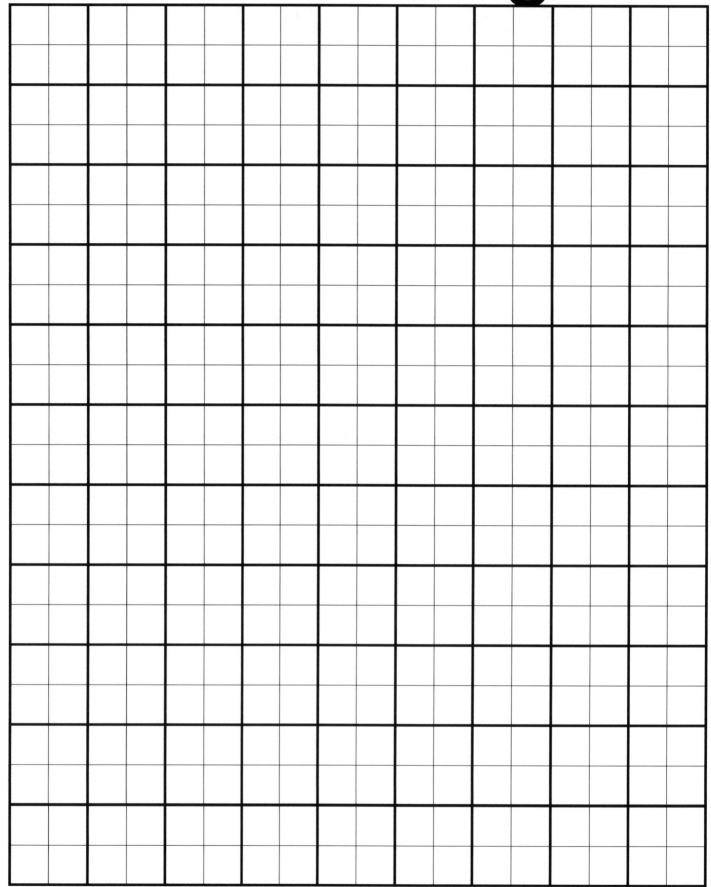

Practice Pages

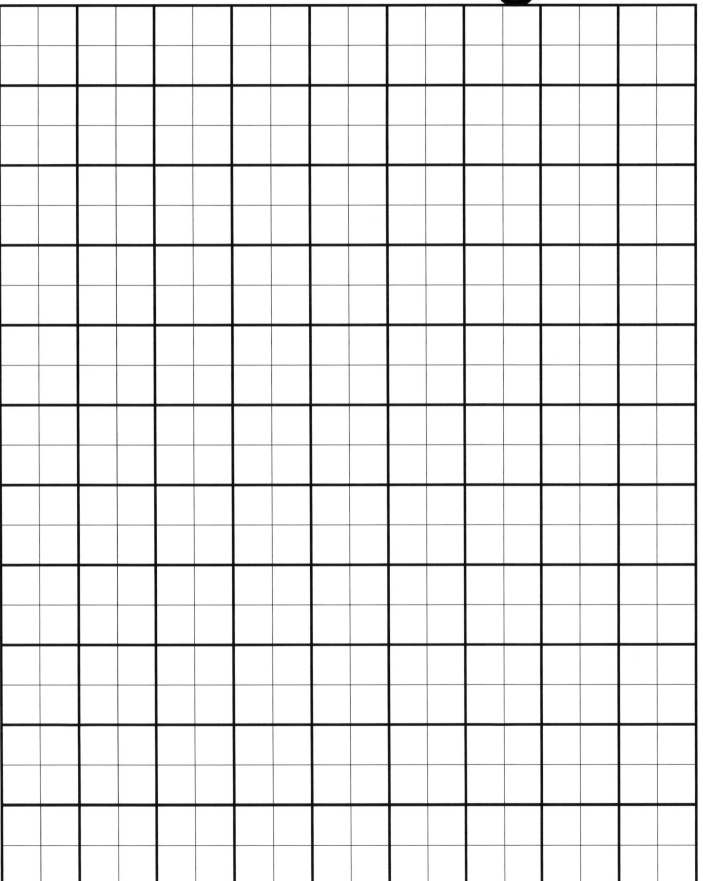

Practice Pages

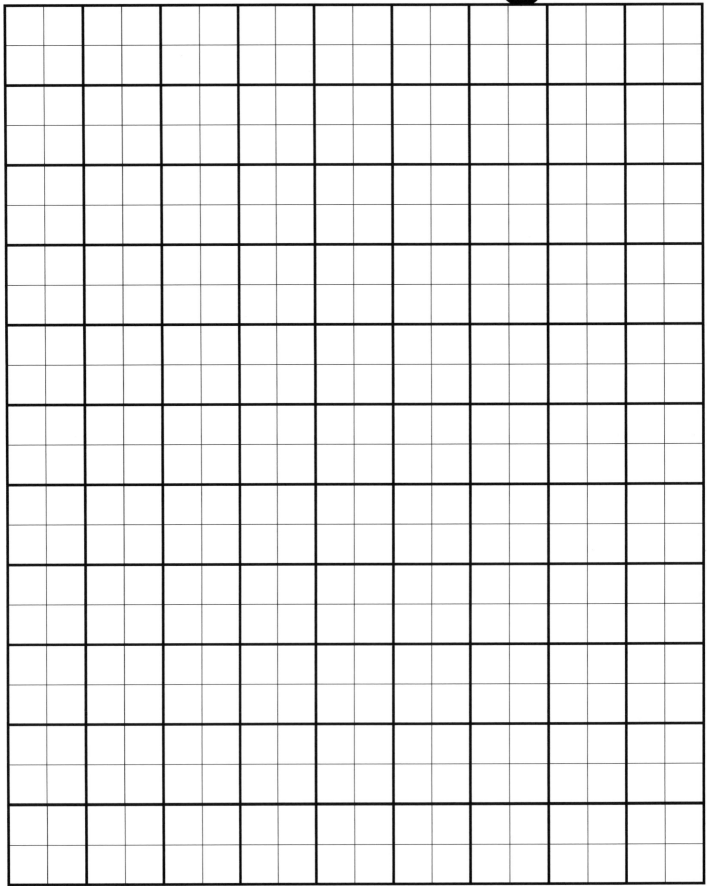

Practice Pages

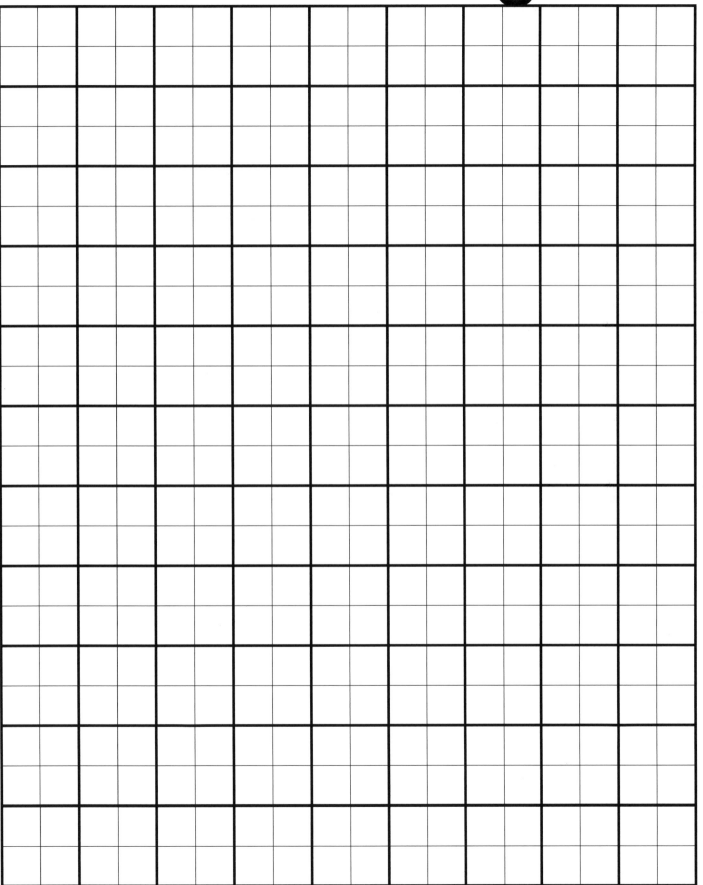

Practice Pages

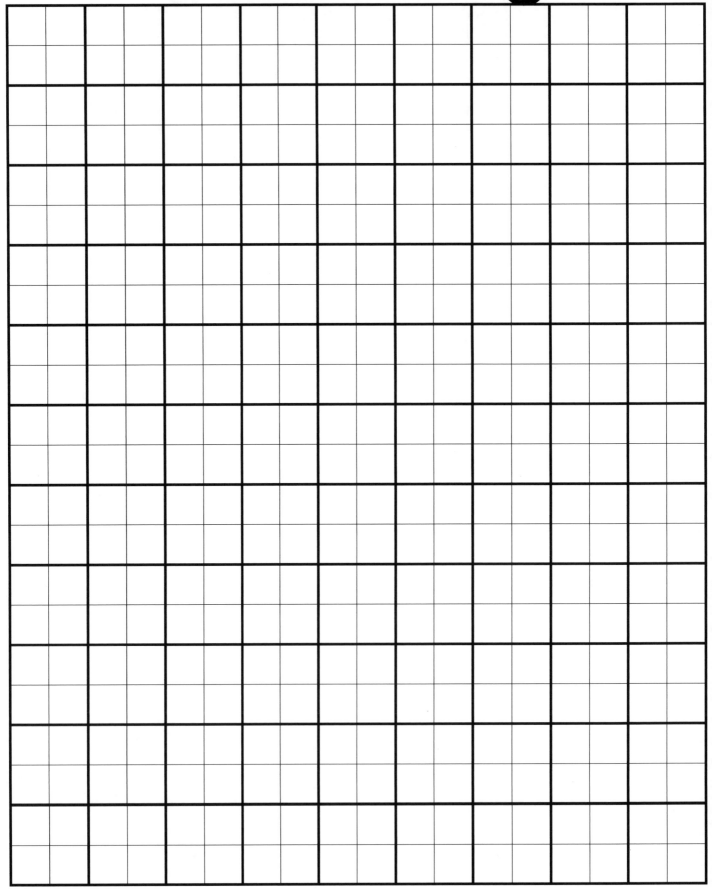

Practice Pages

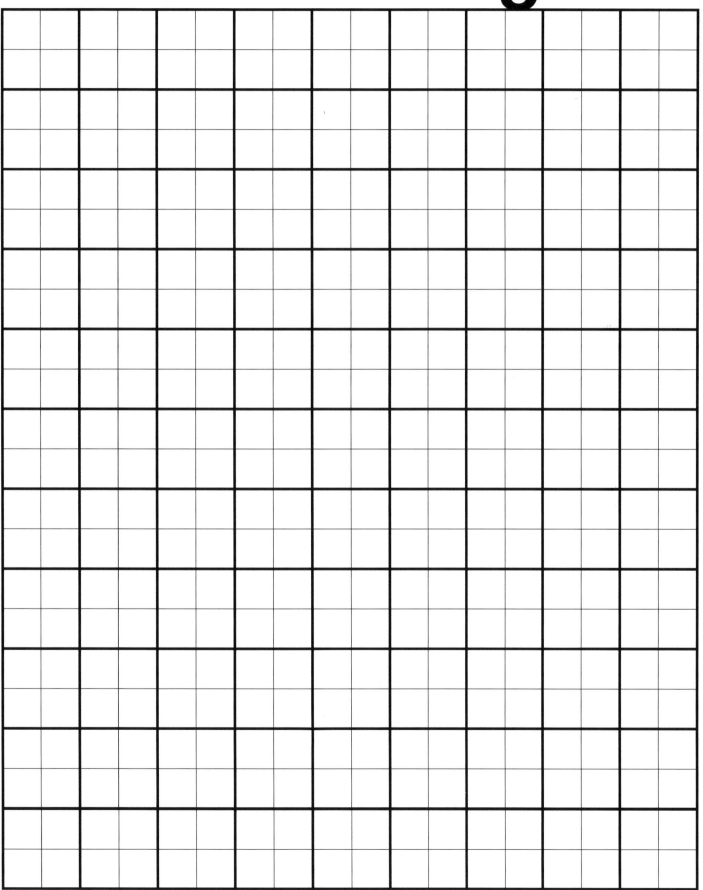

Practice Pages

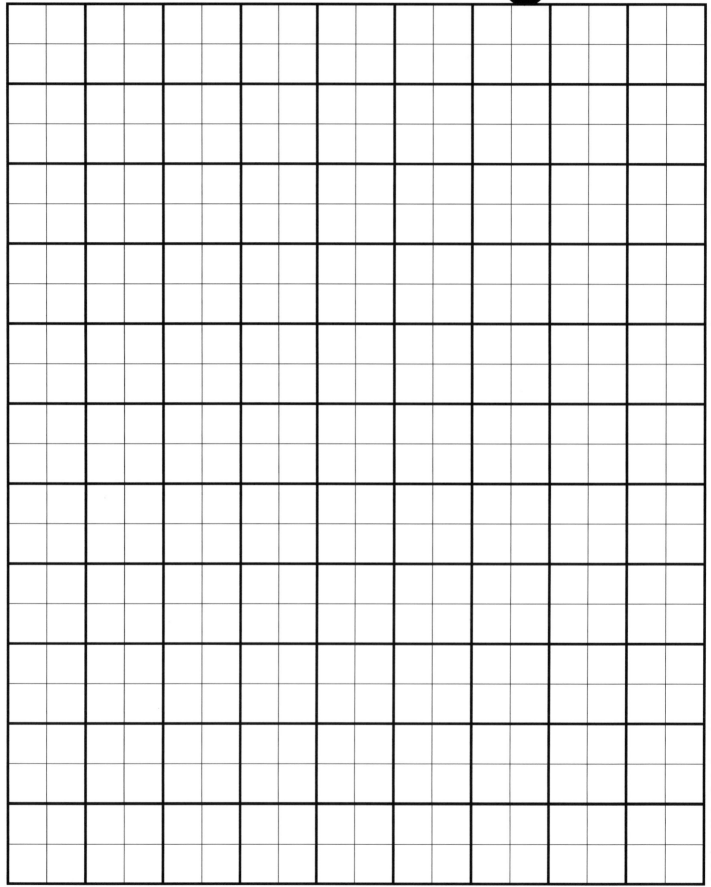

Practice Pages

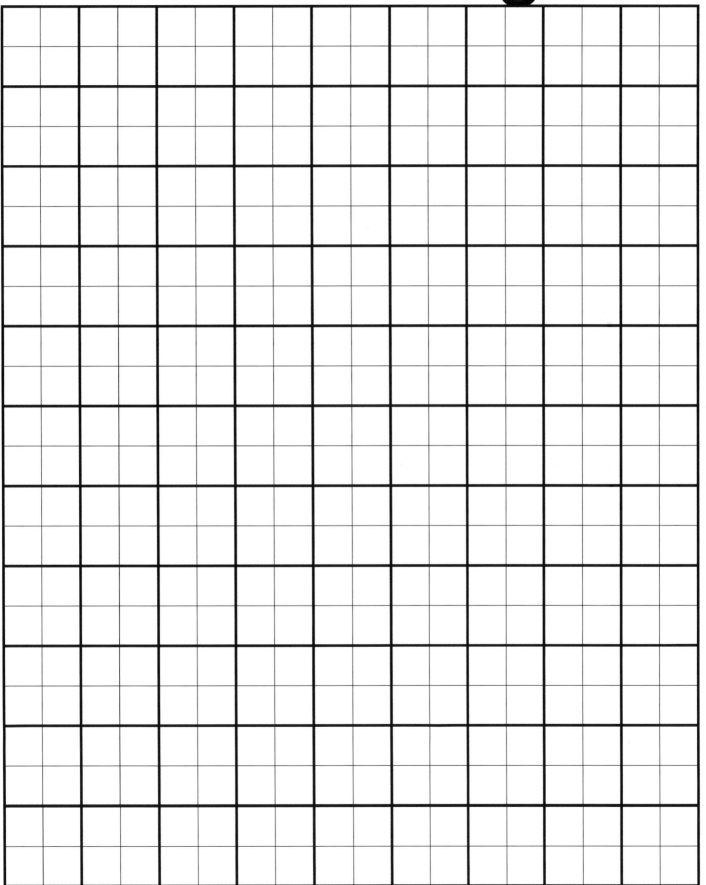

Practice Pages

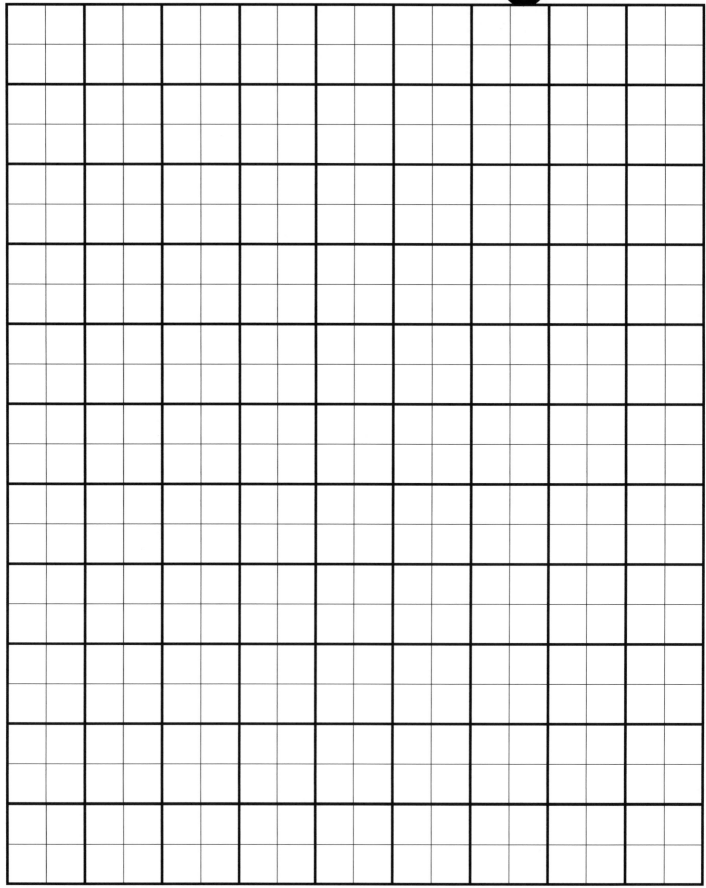

Practice Pages

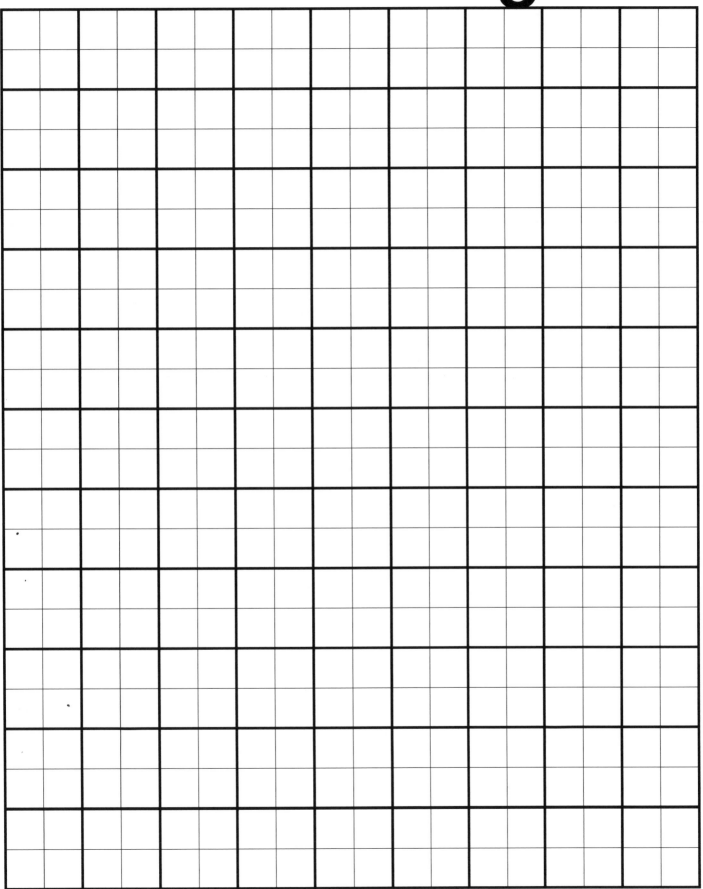

Practice Pages

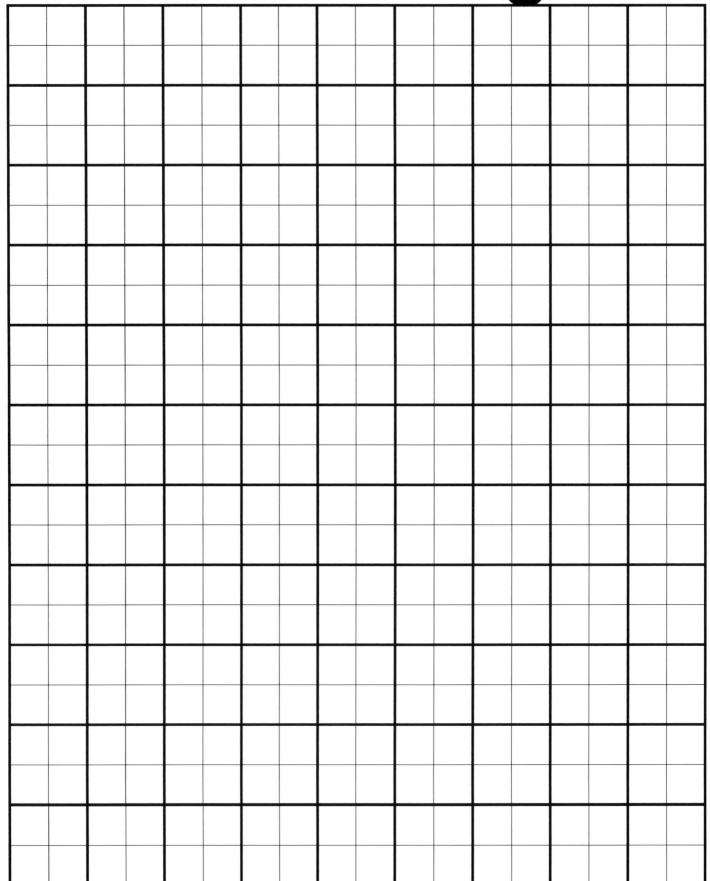

Practice Pages

Practice Pages

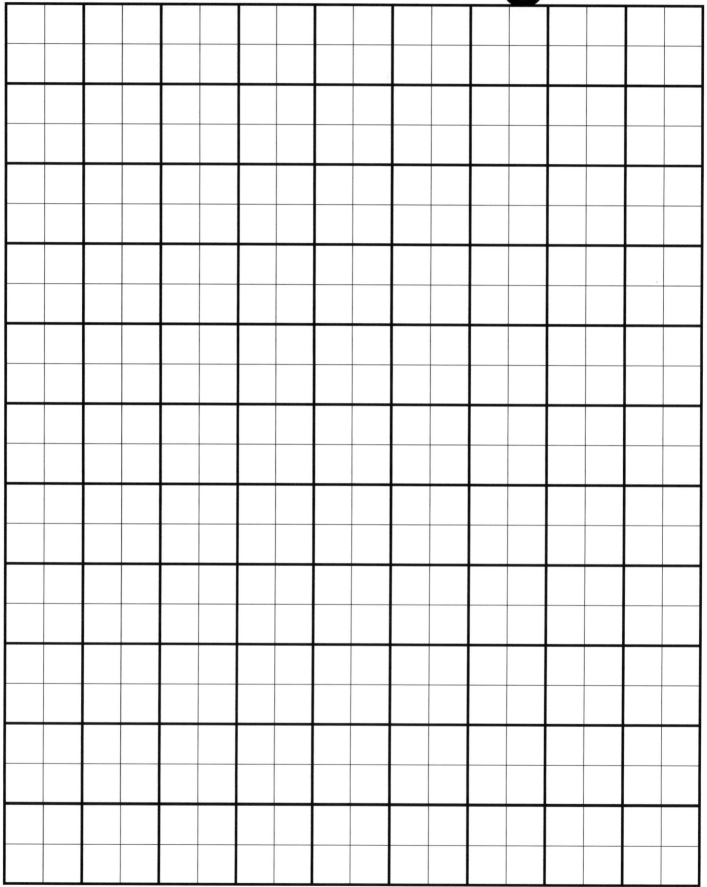

Practice Pages

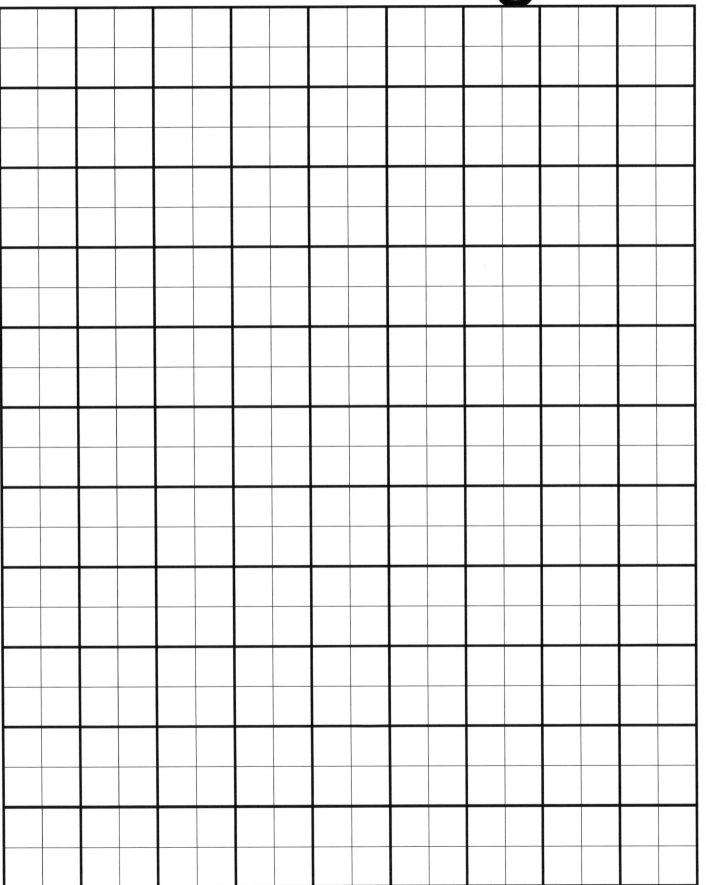

Practice Pages

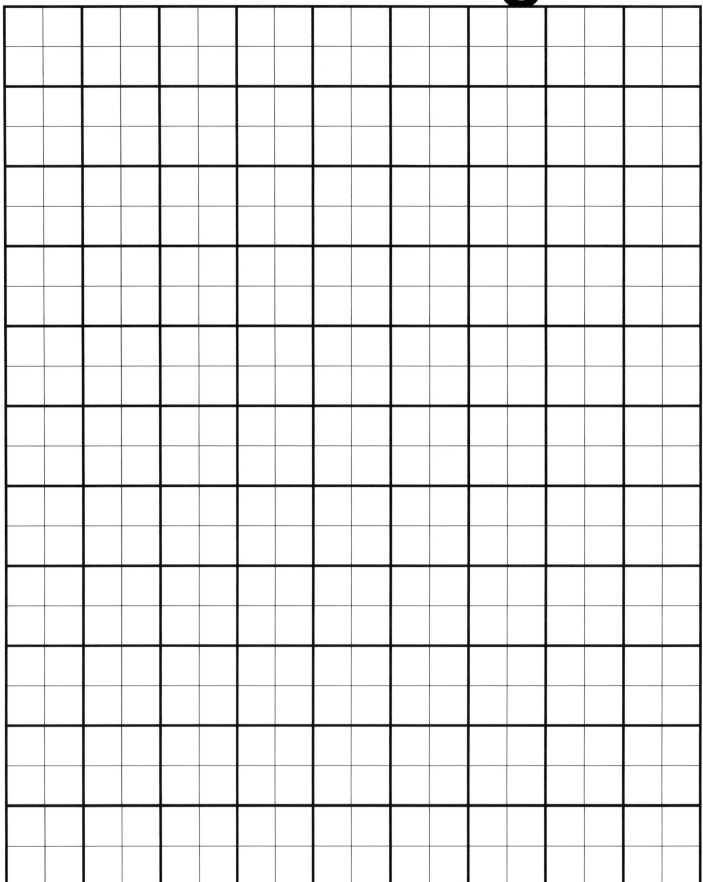

Practice Pages

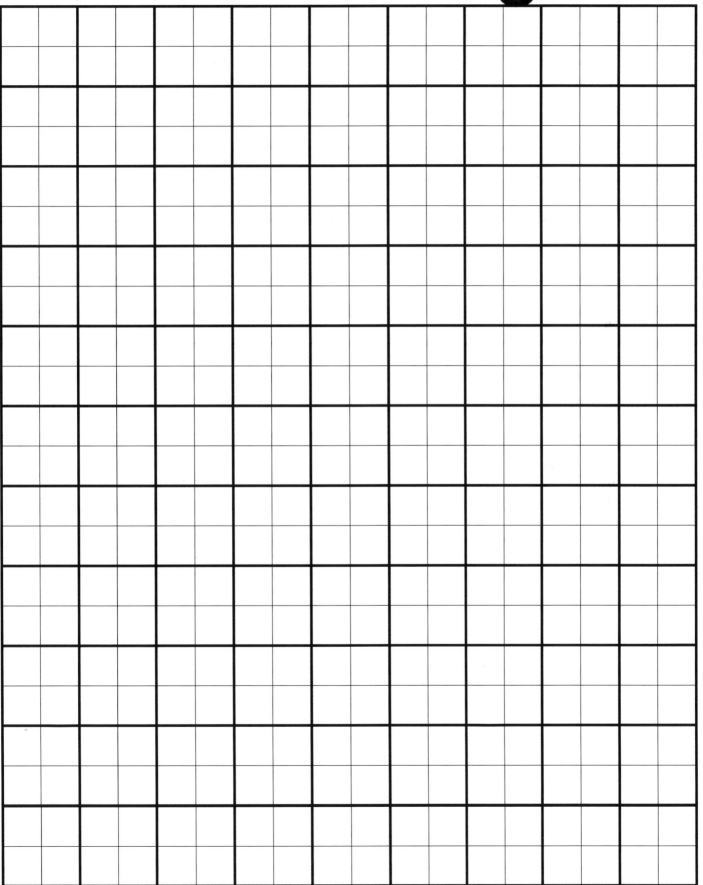

Practice Pages

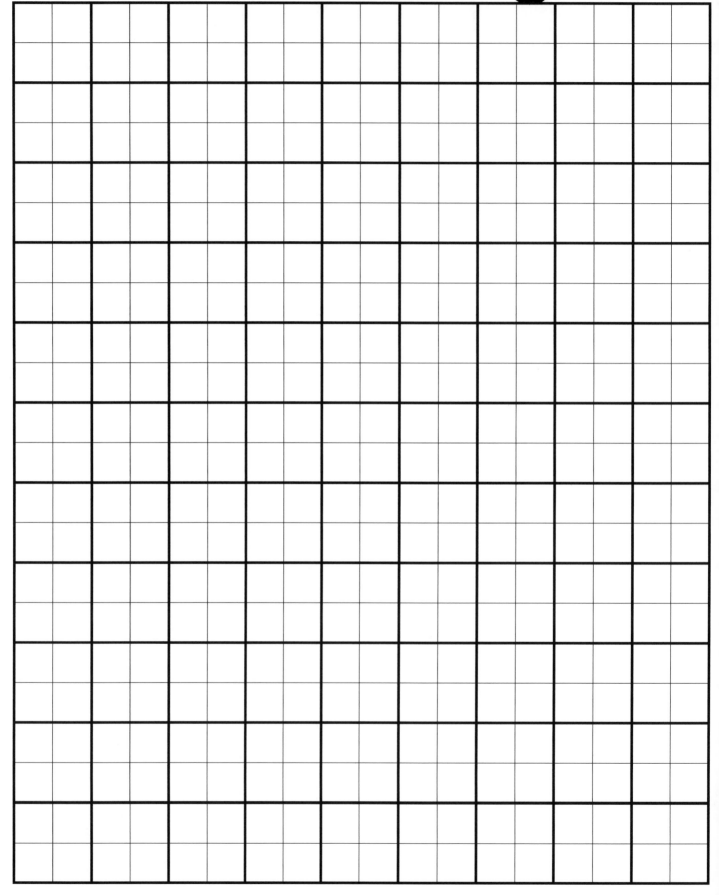

Practice Pages

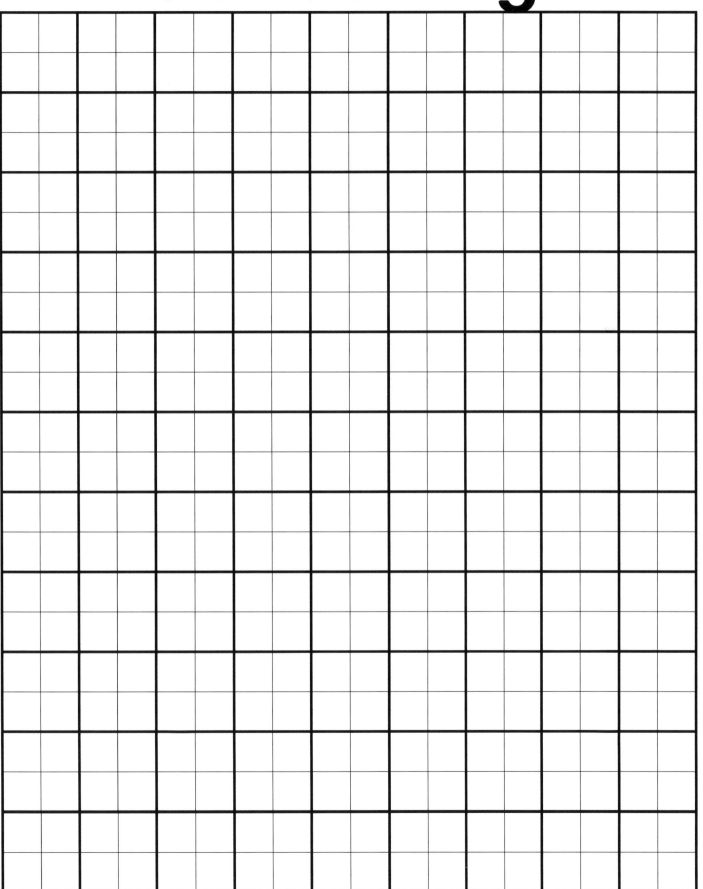

Practice Pages

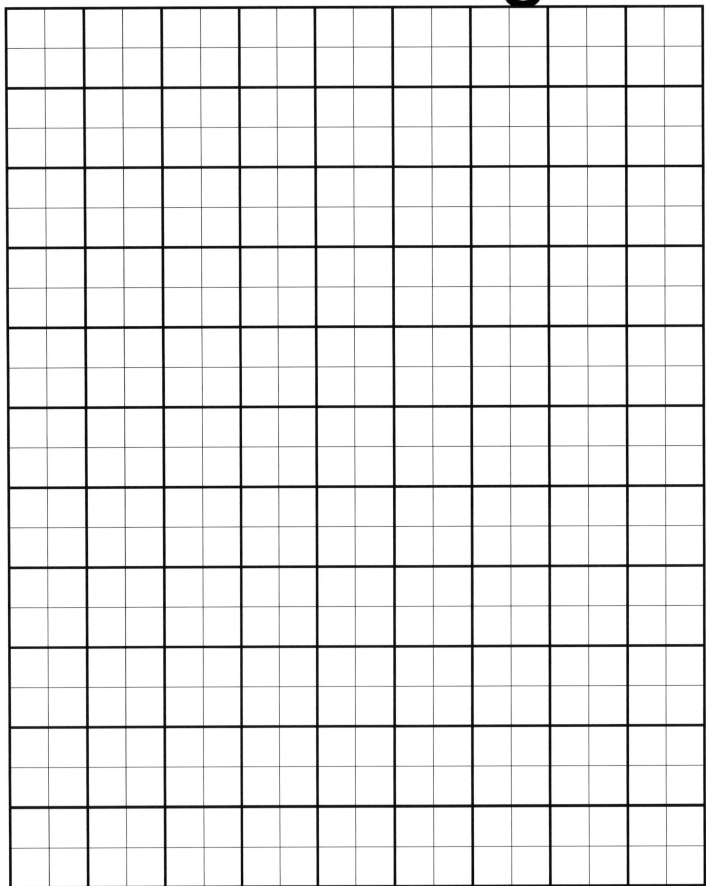

Practice Pages

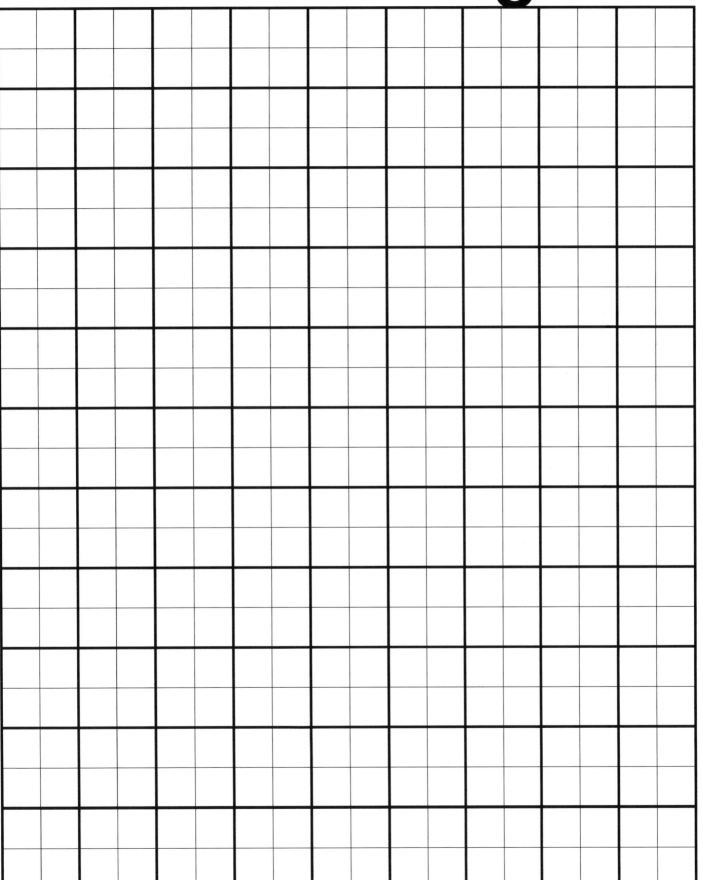

Practice Pages

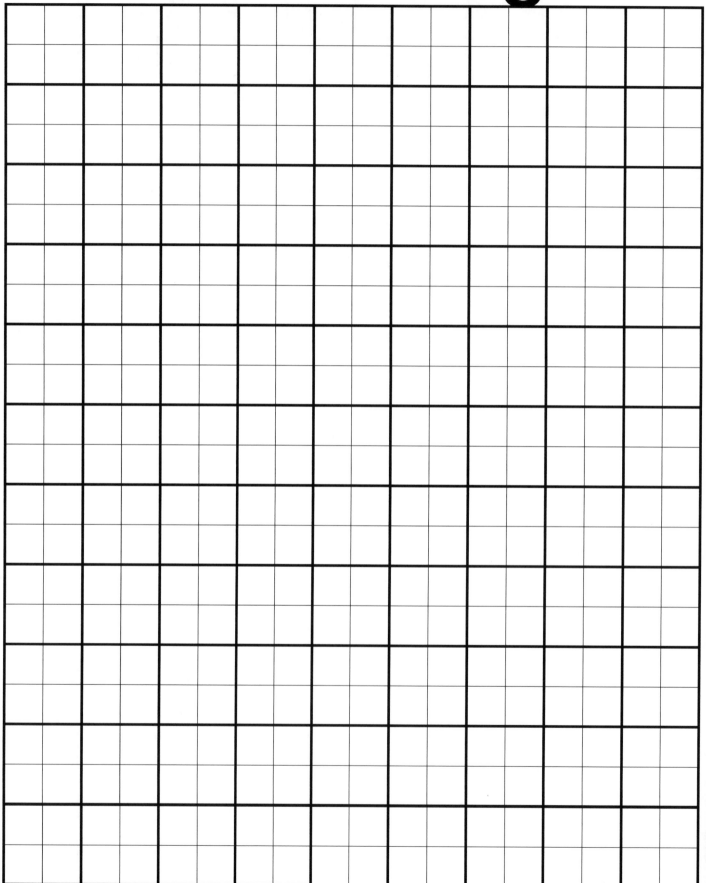

Practice Pages

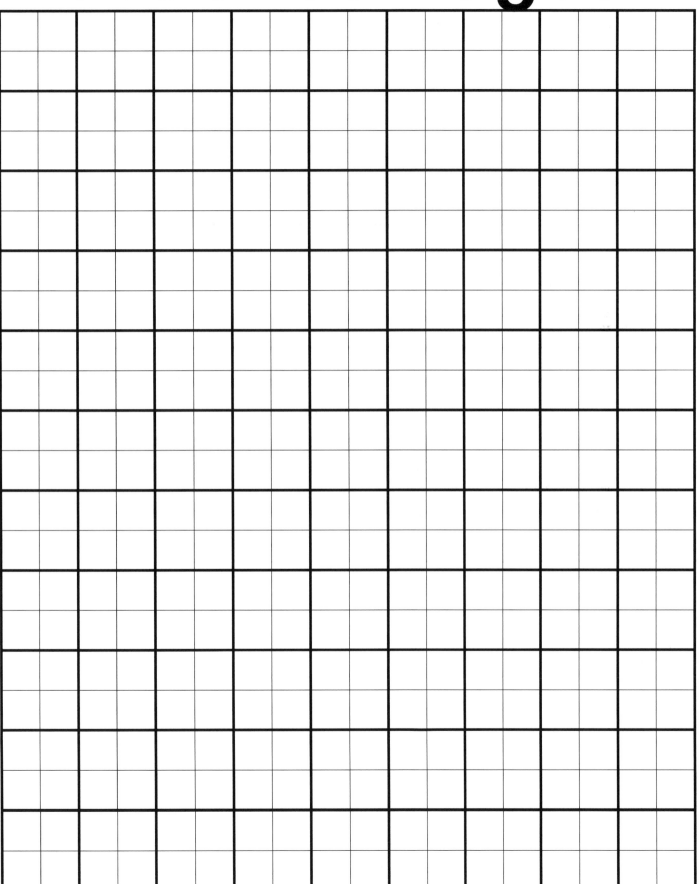

Practice Pages

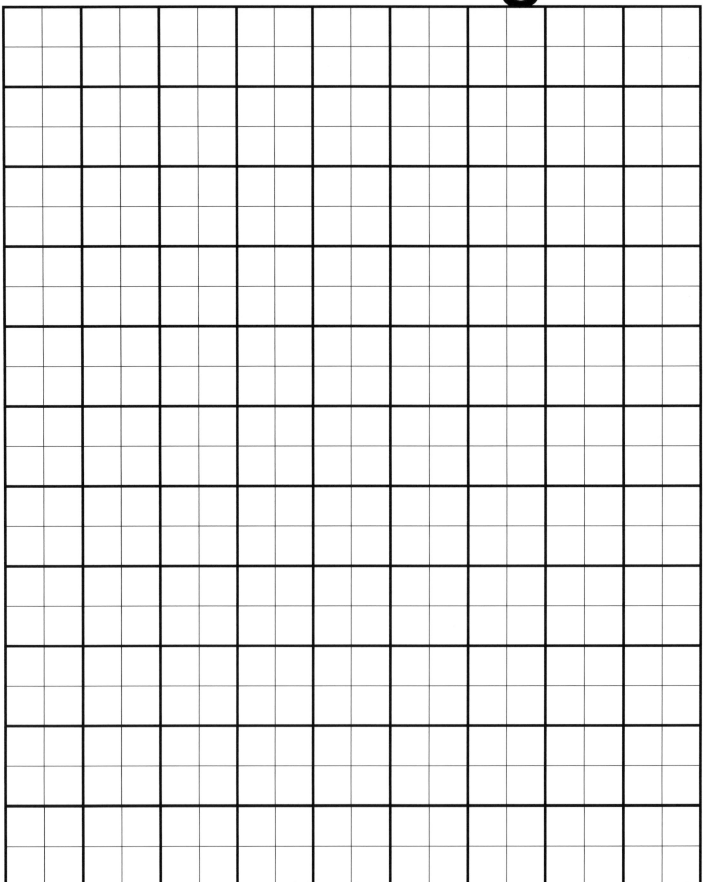

Practice Pages

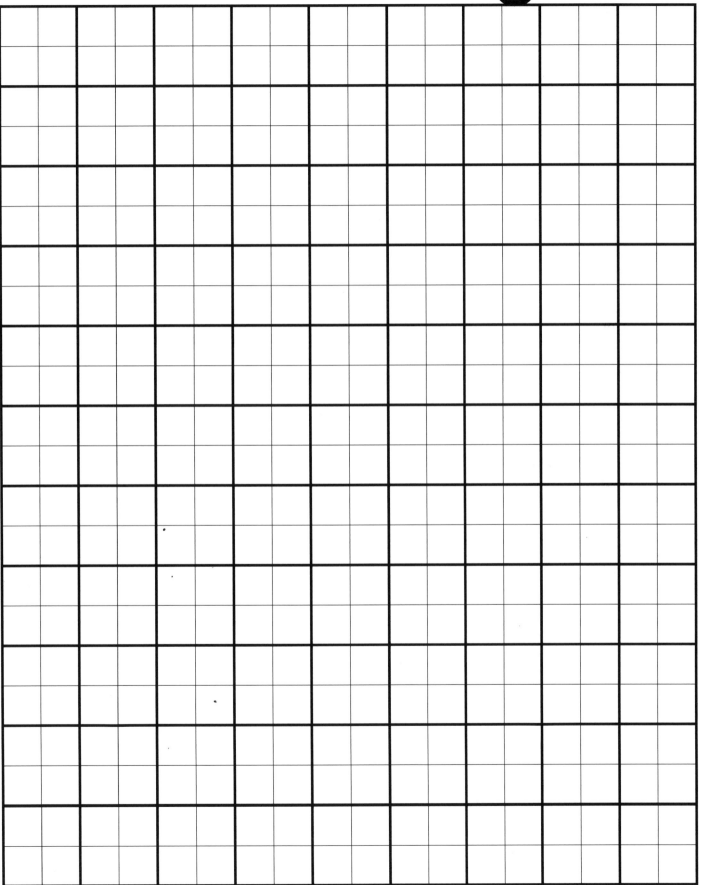

Practice Pages

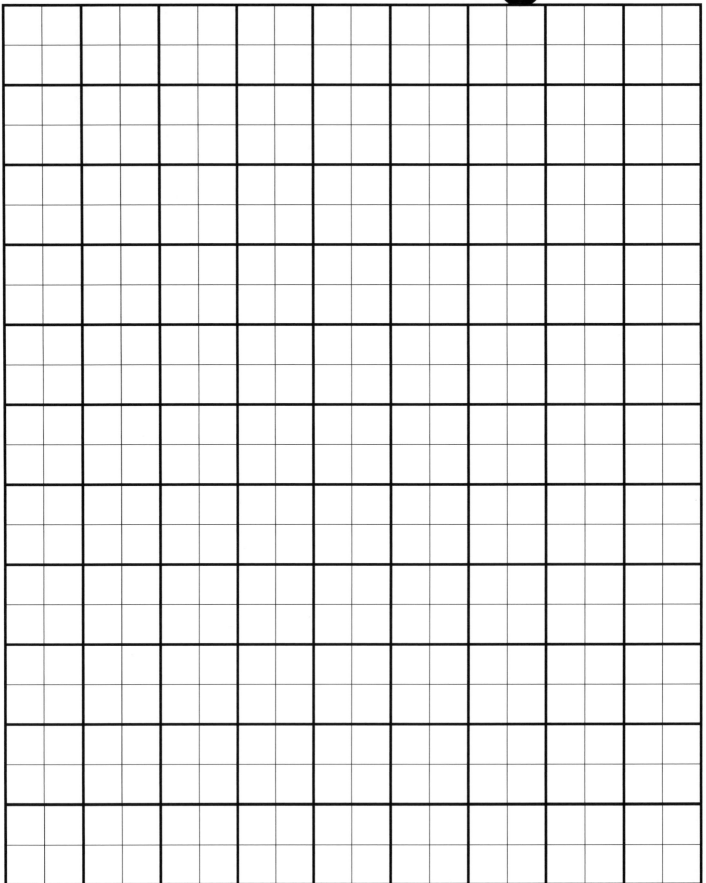

Practice Pages

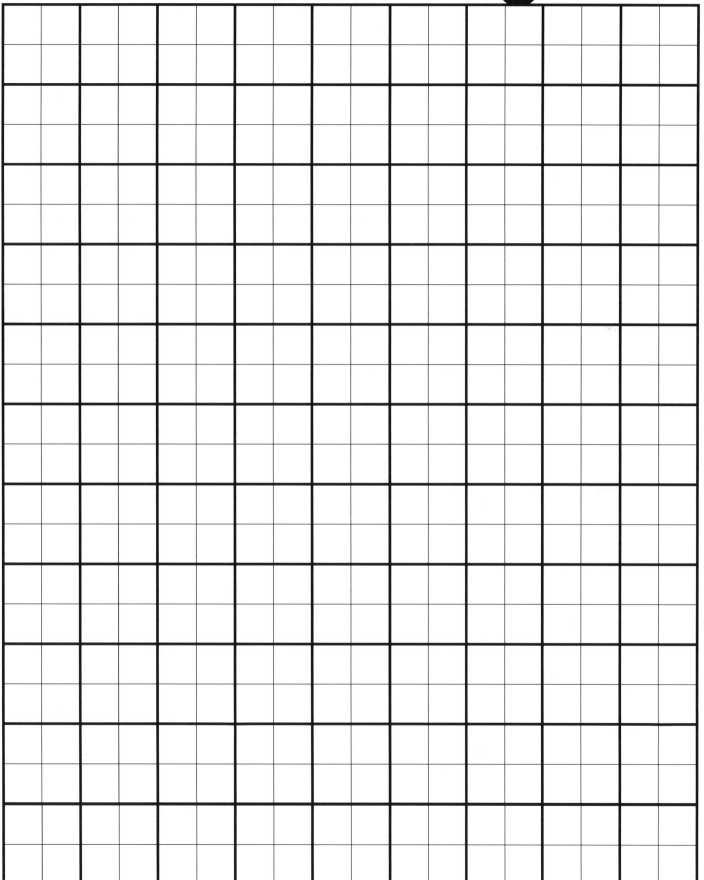

Practice Pages

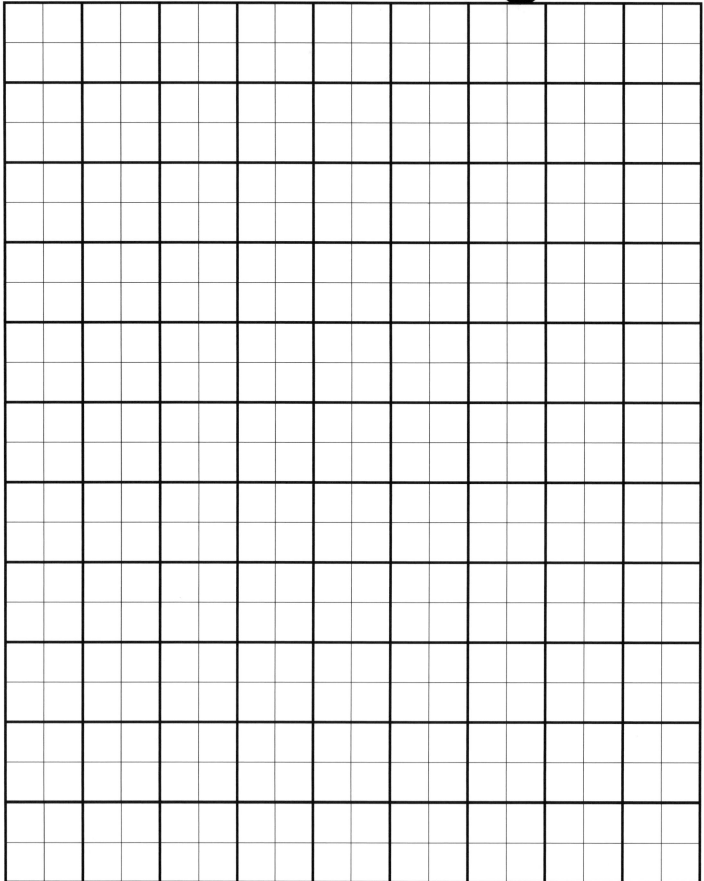

Practice Pages

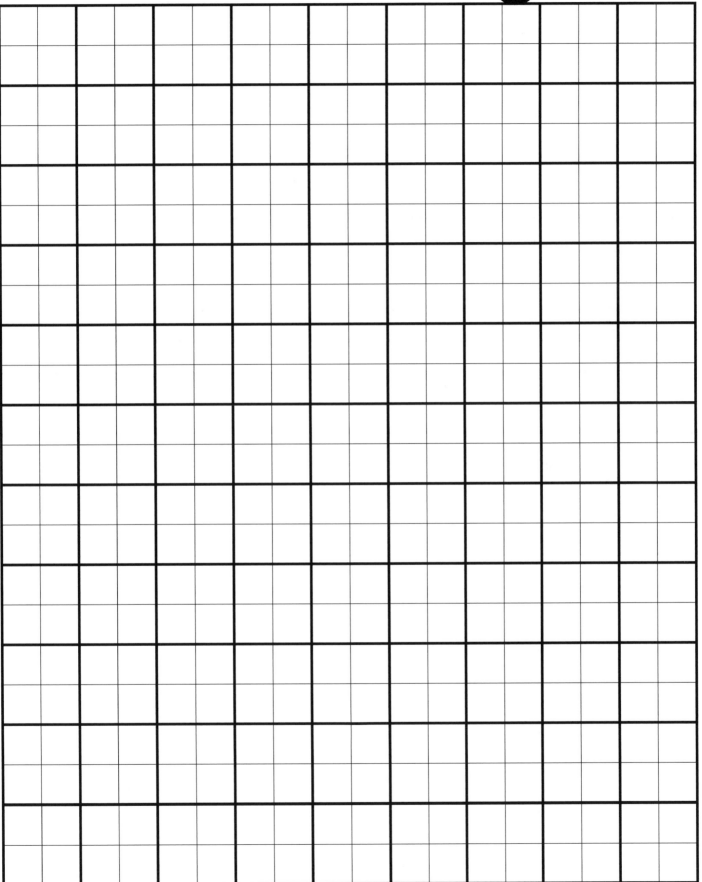

Practice Pages

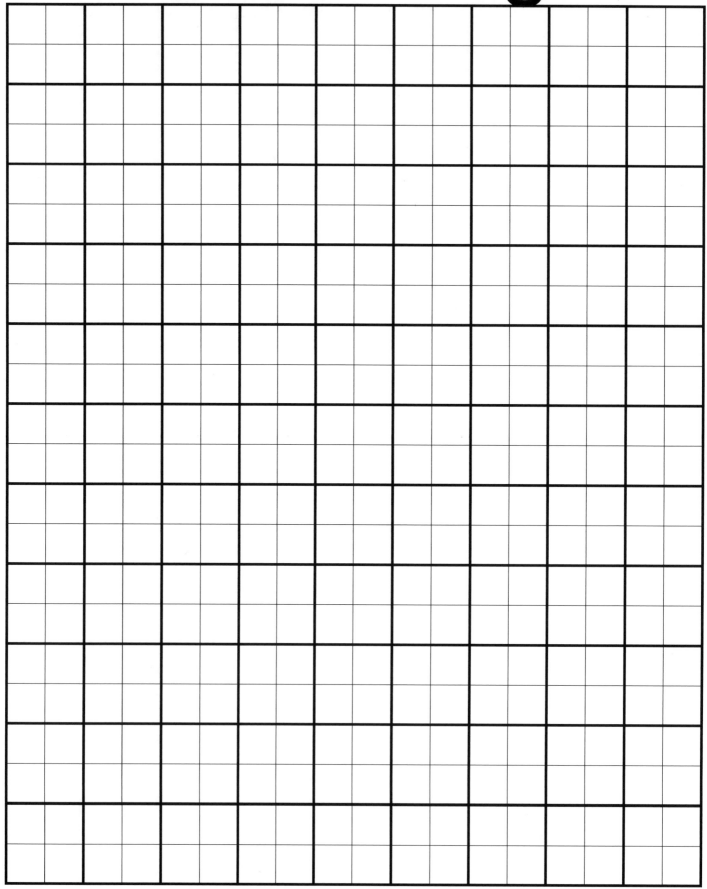

Practice Pages

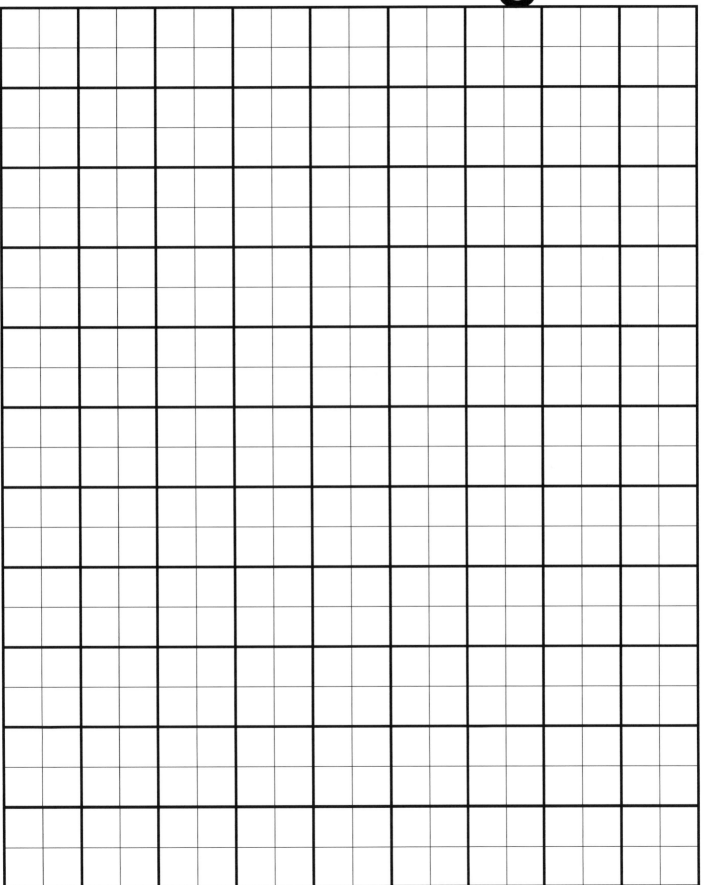

Practice Pages

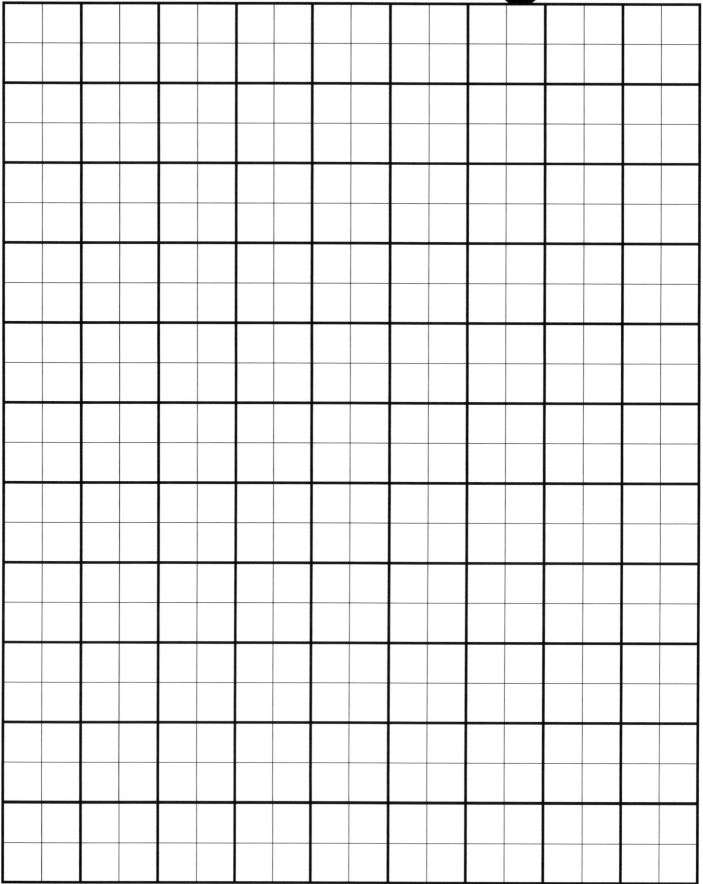

Practice Pages

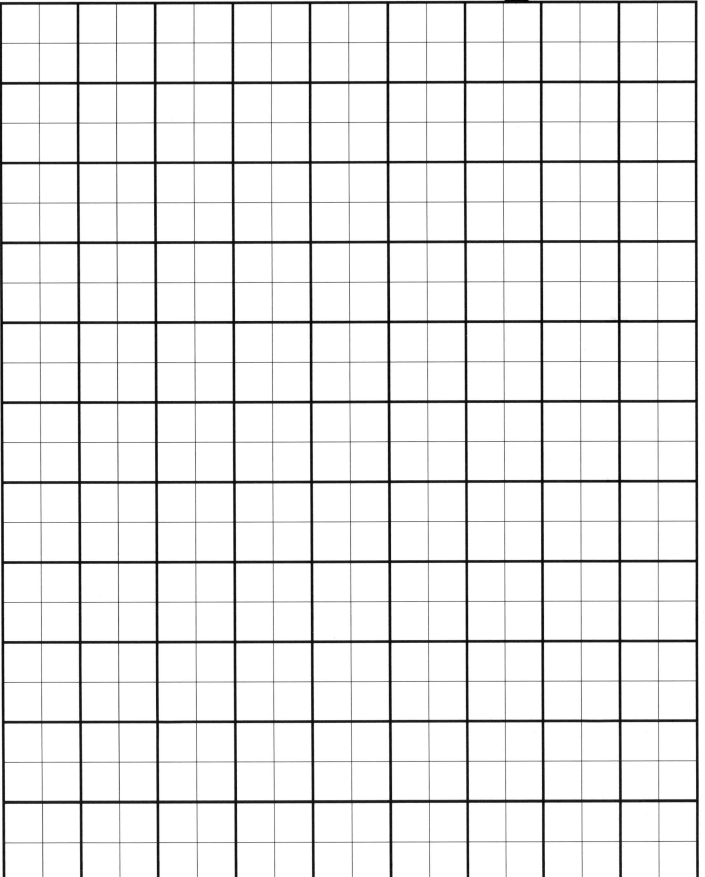

Made in the USA
Middletown, DE
20 January 2020